부자가
된
간호사

부자가 된 간호사

The Nurse
Who Became Wealthy

1천만 원으로 시작한 사업 방정식

김경애
지음

부자의 진짜 의미

탈고를 마친 지금, 기쁨과 설렘이 가득하지만, 동시에 아쉬움과 걱정도 함께 느껴집니다. 24시간이 부족할 만큼 바쁜 일상 속에서 틈틈이 초고를 쓰고, 수십 번 넘게 원고를 고치다 보니 어느덧 4년 이라는 시간이 흘렀네요. 책을 쓰는 과정은 저에게 무척 특별한 여정이었습니다. 처음에는 단순히 버킷리스트에 적어둔 하나의 목표를 이루려는 마음이었지만, 시간이 갈수록 이 책이 저와 같은 길을 걷는 사람들에게 작은 디딤돌이 될 수 있기를 바라는 마음이 커졌습니다. 글을 쓰며 제 인생을 세심하게, 때로는 냉정하게 돌아보았고, 그 과정에서 제가 가야 할 길과 삶의 우선순위도 더욱 명확해졌습니다.

사실 저는 돈에 밝은 사람이 아닙니다. 환자를 돌보며 진심으로 헌신하던 평범한 간호사였고, 사업을 시작한 후에도 정당하게 받아야 할 돈을 청구하지 못해 어려움을 겪기도 했습니다. 그래서 처음에는 '부자'라는 단어가 저와는 어울리지 않는다고 생각했죠. 하지만 사업을 통해 성공을 이루면서, 부자란 단순히 돈을 많이 버는 사람이 아니라는 것을 깨달았습니다. 부자가 된다는 건, 나를 둘러싼 사람들과의 건강한 관계, 마음의 평안, 그리고 따뜻한 가정까지 모두 포함된다는 것을 알게 되었습니다. 이 모든 것이 나를 진정한 부자로 만들어주었고, 이 책에서 말하는 '부자'도 그런 의미를 담고 있습니다. 돈만을 쫓는 것이 아닌, 나 자신과 주변까지 풍요롭게 하는 것, 그것이 제가 말하는 부자의 진짜 의미입니다.

제 인스타그램에서는 '단팥빵 김경애'라는 이름으로 저를 소개하고 있습니다. 겉으로는 평범해 보이지만, 속이 꽉 찬, 누구에게나 친근하고 따뜻한 존재가 되고 싶은 마음으로 지은 또 다른 저의 이름입니다. 이 책 역시 그런 마음으로 썼습니다.

《부자가 된 간호사》는 제가 간호사로 시작해 사업가로 성장하며 겪은 여정을 담고 있습니다. 이 책이 사업을 시작하려는 분들, 이미 그 길을 걷고 있는 분들, 그리고 매일 현장에서 묵묵히 헌신하는 간호사 여러분, 간호사를 꿈꾸는 학생들에게 작은 지침이 되었으면 합니다.

단팥빵을 한 입 베어 물었을 때 느껴지는 그 충만함처럼, 이 책이 여러분의 부자의 여정을 시작하는 데 든든한 힘과 에너지가 되기를 바랍니다.

디딤돌을 놓는 법

타고난 사람이 사업을 잘 하는 것이 아니다. 체질이 아니라 의지와 노력으로 만들어진다. 나는 간호사로 시작해 사업에 뛰어들었다. 사업을 시작한 후 돈을 벌기까지 5년이 걸렸고, 그 자리를 안정시키기까지는 무려 10년이 걸렸다. 처음 방문간호사업을 시작했을 때, 이렇게까지 다양한 사업을 확장할 줄은 몰랐다. 그러나 그 길에 서지 않으면, 절대 보이지 않는 것들이 있다. 내 잠재력이 어디까지인지 알기 위해서는, 그 자리에 나를 직접 놓아보아야만 한다.

누구에게나 맞는 시기와 때가 있다. 운이 따라와서 잘된 것이 아니라, 수많은 경험과 실패가 있었기에 지금의 내가 있는 것이다. 그 경험들 덕분에, 내가 할 수 있는 일도, 해주고 싶은 말도 많아졌다.

나는 내 경험을 디딤돌에 비유한다. 현재가 없으면 미래도 없듯, 실패는 그저 실패로 끝나는 게 아니다. 마치 냇가를 건널 때 발을 적시지 않기 위해 디딤돌을 놓아야 하는 것처럼, 우리도 차근차근 앞으로 나아가야 한다. 물론, 한번 놓인 디딤돌이 영원히 그 자리에 있지는 않는다. 비가 오면 물에 잠길 수도 있고, 폭우가 오면 휩쓸려 버릴 수도 있다. 그때는 다시 새로운 디딤돌을 놓아야 한다. 그 디딤돌을 놓을 이유를 찾는 것도, 그러지 못할 이유를 만드는 것도 결국 나 자신이다.

이 책의 이야기를 통해, 디딤돌을 준비하는 누군가에게 작은 용기와 지혜의 씨앗이 되기를 바란다. 그리고 사업의 길에서 넘어지며 힘들어하는 누군가에게, '다 그런 과정이 있구나'라는 한 줄기 위로가 되었으면 한다. 포기하지 않기를 바라는 나의 마음이, 여러분에게 버팀돌이 되기를 간절히 소망한다.

CONTENTS

1장

사업, 내 꿈을
실현하는 방식

내게 부자가 된다는 것은 단순히 돈이 많은 것을 의미하지 않는다. 그것은 내가 원하는 삶을 살아가며, 스스로의 선택에 책임질 수 있는 힘을 가지는 일이다. 그리고 그 힘으로 다른 이들에게도 긍정적인 영향을 미치는 것이다.

"부자가 되는 길은 결코 쉽지 않다."

부자가 되는 세 가지 방법

김승호 회장의 《돈의 속성》에서는 부자가 되는 세 가지 방법을 제시한다. 첫 번째는 상속이고, 두 번째는 복권과 같은 행운에 당첨되는 것, 마지막 방법은 사업으로 직접 돈을 버는 것이라 했다. 우리 부모는 부자가 아니었고, 복권은 몇 번 사봤지만 너무 막연해서 두 가지는 자연스럽게 제외했다.

내가 부자가 되고 싶었던 이유는 단순했다. 돈을 쓰고 싶을 때 원하는 대로 쓰고 싶었기 때문이다. 하지만 직장생활을 하면서 내가 원하는 만큼의 돈을 모으는 데 한계를 느꼈고, 그래서 사업을 시작했다.

직장생활에서 연봉이 올라가면 그만큼 책임과 업무의 강도도 높아지는 것처럼, 사업 역시 매출이 어느 정도 오르기 전까지는 큰 고통이 따르는 것이 사실이다. 직장처럼 때려치우고 싶은 생각이 들 때가 있고, 나를 괴롭히는 누구 한 명 때문에 포기하고 싶었던 적도 있었다. 직장생활이나 사업이나 다를 바가 없다. 그러나 사업에 도전해보고 싶다면, 나는 그 길이 해볼 만한 가치가 분명히 있다고 생각한다.

많은 사람이 쉰이 넘어서도 꿈을 찾아다니며, 지금이라도 사업을 시작해야 하는지 아니면 늦었으니 포기해야 하는지 고민을 한다. 패기 있는 젊은 시절이 좋고, 연륜이 있다고 해서 불가능한 것은 아니지만, 몸이 따라줄 수만 있다면 나이가 문제가 되지는 않는다고 생각한다.

나는 이 질문에 대한 정답을 정해놓지 않는다. 왜냐하면 누구나 부자가 되고 싶어하지만, 도전하는 사람은 말려도 하고, 하지 않을 사람은 멍석을 깔아 주어도 하지 않기 때문이다.

돈을 쓰는 법과 모으는 법

우리는 어릴 적부터 '돈은 모으는 것보다 쓰는 게 중요하다' 혹은 '무조건 저축해야 한다'는 말을 무수히 들어왔다. 돼지 저금통에 돈을 모으고, 초등학교 때는 학교에서 개인 통장으로 저축도 대신해주었다. 성인이 되어서는 저축을 통해 더 좋은 전셋집으로 옮기거나, 직장생활의 결과물을 축적하기 위해 나름 열심히 모았다. 하지만 돈을 모으는 것은 결코 쉬운 일이 아니었다. 경조사도 챙겨야 하고, 남들 다 가는 휴가도 가고 싶고, 친구가 입은 예쁜 원피스를 나도 한 번쯤 입어보고 싶었다. 이런 이유들로 인해 항상 부족함을 느끼며 마이너스 인생을 살고 있다고 생각했다.

그러던 어느 날, 나는 돈에 대한 기존의 관념을 깨기 위해 새로운 방법을 시도하기로 결심했다. 급여를 받으면 모두 다 써버리기로 한 것이다. 그동안 비싸서 해보지 못했던 운동 PT도 끊고, 모임의 밥값도 계산하며 옷도 샀다. 그러나 준비되지 않은 지출의 결과는 역시 좋지 않았다.

저축을 하지 않고 쓰고 싶은 곳에 돈을 써 보는 것이 삶을 더 풍요로워지게 만들 줄 알았지만, 이렇게 살면 평생 부자가 될 수 없을 거란 확신이 들었다. 그때부터 나는 월급의 절반을 저축하기로 했다. 혹시 내가 더 거지같이 살았을 거라고 생각할 수 있겠지만, 마음은 오히려 여유로워졌다. 돈은 작은 단위로는 힘을 발휘하지 못하고, 적당한 덩어리가 되어야 진정한 값어치를 할 수 있다는 생각에 무조건 모았다. 신세 한탄할 수 있었던 상황에서 모여가는 돈이 오히려 뿌듯함을 느끼게 했다. 저축하고 남은 돈으로 어떻게 살아갈지 계획하면 되었다.

급여를 다 써버린 3개월은 할부가 끝나지 않은 지출로 인해 이후 3개월을 더 돈에 쪼들리게 했지만, 그 경험은 나에게는 인생의 거름이 되었다. 나는 지금까지도 물건을 살 때 할부는 절대 하지 않는다.

자취할 때 제일 아낄 수 있었던 것은 생활비였다. 계란말이를 먹을 때 케첩이 필요하면 햄버거를 먹을 때 남은 케첩을 활용했고, 외출복 한 벌 외에는 지출을 줄였다. 아기자기한 장식

품은 눈으로만 즐겼다. 그렇게 모은 돈 덕분에 노점을 시작할 때나 커피 트럭을 운영해보고 싶을 때, 돈 때문에 주저할 필요가 없었다.

누군가는 이런 생활을 궁상맞다고 생각할 수 있지만, 젊은 시절 꼭 해보아야 했던 경험이었기에 나는 누구보다 열심히 살았다고 자랑스럽게 말할 수 있다. 게다가 지나고 보니, 그때는 청바지에 티셔츠만 입어도 예쁜 나이였다.

도전과 기회를 잡을 준비

습관은 매우 중요하다. 사업을 시작할 때 역시 돈은 부족했다. 그때 가장 쉽게 선택할 수 있는 방법은 사업자 대출을 받는 것이었다. 우리 집이 부자였다면 부모님께 손을 벌렸을 수도 있었겠지만, 나는 사업자 대출을 받지 않았고 부모님께 돈을 부탁하지도 않았다. 대신 센터의 월세를 내고 운영비를 벌기 위해 보험 청구를 배우고 싶어 하는 사람들을 가르쳤고, 그 결과 학원을 개원할 기회를 잡았다.

나와 함께 일하던 사회복지사는 절반을 저축하기 위해, 저녁에는 식당에서 서빙 아르바이트를 했다. 발가락이 나간 스타킹을 내복처럼 입고 다니며 알뜰하게 살았다. 우리 센터 사무실은 고가다리 밑의 1층에 위치해 있었는데, 월세가 싼 대신 매우 추운 환경이었다.

그 사회복지사는 나보다 어린 나이였지만, 어르신 목욕시키는 데에도 매우 적극적이었다. 나도 젊은 나이였지만, 그녀의 노력에 감동했다. 학원과 컨설팅 사업이 바빠지며 방문간호센터를 대신 운영해줄 사람이 필요하게 되었는데, 나는 주저 없이 센터 운영을 그녀에게 맡겼다. 그녀의 가치를 알았기에 센터를 맡기는 데 주저함이 없었다.

그렇게 20대 중반이 된 그녀는 월 천만 원을 버는 기회를 잡았다. 기회는 우연히 찾아오지만, 그 기회를 잡을 준비가 되어 있는지가 더욱 중요하지 않을까 싶다. 내가 학원을 시작한 것도, 그녀가 센터를 맡게 된 것도 결국 무엇이든 도전하고 돈의 가치를 정확히 파악했기 때문이라고 생각한다.

사업가의 성공을 위한 마음가짐

사업은 큰 용기가 필요하다. 주변에 성공한 사업가들을 보면, 다들 안정된 보장을 버리고 우물을 뛰어넘는 개구리처럼 도전했던 사람들이 많다. 내가 아는 한 대표는 정년이 보장된 학교 선생님이었지만, 우연히 운영한 옷 소개 블로그가 인기를 끌면서 자신이 잘하는 것이 마케팅이라는 확신을 가지고 사직 후 사업자를 냈다.

물론 어려움이 없었던 사업가는 없다. 그는 잘되던 사업이 직원 관리 등의 문제로 지하방에 살며 빚더미에 오른 적이 있었지만, 실패를 발판 삼아 다시 일어섰고, 현재 그는 업계에서 알아주는 마케팅 회사를 운영하며 사업가로서 성공했다.

부자가 되는 길은 결코 쉽지 않다. 내가 선택한 길은 어렵고, 때로는 포기하고 싶은 순간도 많았다. 그러나 도전하는 용기와 작은 돈을 아껴 모으는 습관, 그리고 기회가 찾아왔을 때 그것을 잡을 준비가 되어 있었기에 나는 조금씩 성공의 문을 열 수 있었다.

돈을 모으는 것만이 중요한 것이 아니다. 어떻게 쓰느냐에 따라 그 진정한 가치를 발휘한다. 작은 돈을 아끼고 모아 큰 기회를 만들고, 그 기회를 붙잡아야만 한다. 이 모든 과정은 결코 쉽지 않지만, 꾸준히 노력하고 도전하는 사람에게는 반드시 성공이 찾아온다고 말할 수 있다. 그리고 그 과정에서 배우는 것들이 결국 우리를 진정한 부자로 만들어준다는 사실 또한 기억해야 한다.

내게 부자가 된다는 것은 단순히 돈이 많은 것을 의미하지 않는다. 그것은 내가 원하는 삶을 살아가며, 스스로의 선택에 책임질 수 있는 힘을 가지는 일이다. 그리고 그 힘으로 다른 이들에게도 긍정적인 영향을 미치는 것이다. 이 글이 누군가에게 작은 용기와 지혜를 줄 수 있다면, 그보다 더 바랄 것은 없다.

길을 잃지 않는 방법

우리 회사에서는 원무행정 과정으로 한국폴리텍대학에서 경력 단절 여성들을 위한 재취업 교육을 진행하고 있다. 교육을 마치면 병원의 원무과로 취업하게 되는 과정이다. 나는 멘토링으로 수업에 참여해, 지원 동기나 취업에 대한 생각을 나누곤 한다. 학생들은 대부분 40~50대다.

어느 날, 한 학생이 공부는 열심히 하고 있지만, 정말 취업이 될지 고민이 된다고 말하며 자신감이 없는 목소리로 이야기를 꺼냈다. 수업이 없는 주말이면 주변 엄마들이 차 한 잔 마시자며 보자고 해서 모임에 나가는데, 모임에 나온 엄마들이 이 나이에 뭐 하러 힘들게 공부하면서 시간 낭비하냐고 말하며 자신을 맥 빠지게 한다는 얘기였다.

공부하지 말라는 이유가 뭐냐고 물어보니, 취업을 해봐야 어린 20대와 일하게 되어 세대 차이를 느껴 주눅 들게 될 것이고, 월급도 기본급이라 얼마 남는 게 없다고 말했다는 얘기를 전해 들었다.

나는 취업 전까지는 그들과 만나지 말라고 권유했고 결국 그녀는 끝까지 열심히 공부하여 수료한 끝에 취업에 성공했다. 후일담으로 그녀가 입사한 병원에서 누구보다 열심히 한다는 칭찬 전화를 받았다고 대학 취업담당자에게 전해 들었다.

얼마 전 만난 그녀는 같은 고민을 하는 경단녀들에게 멘토 역할을 해주고 있었다. 그러면서 주변 엄마들을 만날 시간 대신, 자신의 옷을 사러 다니고, 시간을 쪼개 가족들을 위한 건강한 찬거리를 사러 부지런히 장을 보러 다니는 엄마가 되었다며 밝은 목소리로 말했다.

어떤 모임에 가느냐에 따라 집으로 돌아올 때의 기분이 다르다. 안 되는 이야기, 남 이야기만 하는 모임은 시간이 아깝고 피곤하지만, 잘되는 사람들의 칭찬이나 새로운 소식을 나누는 모임은 다음 모임이 기다려진다.

장단점을 말해주지 않고, 다른 사람의 이야기를 빌어 생각해주는 척하며 부정적인 이야기만 하는 사람들과는 거리를 두어야 한다. 그들은 자신들과 달라질까 봐 나를 보이지 않는 밧줄로 묶어두려는 것과 다름없다.

사업을 시작할 때 들려오는 말들

사업을 시작할 때, 사업을 할지 직장 생활을 계속할지에 대한 결정을 앞두고 평소 잘 알고 지낸 지인들에게 조언을 구했다. 그중에는 사업을 해도 잘할 것이라며 용기를 준 사람도 있었지만, 말리는 사람도 적지 않았다.

그들은 사업을 시작하면 직장 생활보다 더 힘들 것이고, 돈도 더 못 벌 확률이 많고, 사람과의 관계도 더 어렵게 된다며, 차라리 월급을 받으며 안정적으로 사는 것이 더 행복한 일이라고 말했다.

특히 사업을 해보지 않은 지인들은 성공한 사례보다는 사돈의 팔촌까지 망한 사례를 더 많이 들려주었다. 물론, 나를 걱정해서, 염려해서 한 말인 것을 안다. 창업보다 폐업률이 높다는 사실은 사업이 결코 쉬운 일이 아니라는 것을 전적으로 보여주고 있으니, 그들의 말이 꼭 틀리진 않다.

다만 이런 말을 듣다 보면 자신감이 생겼다가도, 금세 떨어지곤 했다. 때로는 "네가 뭘 할 수 있겠어"라는 식의 비아냥처럼 그들의 말이 들리기도 했다. 하지만 나는 고민 끝에 사업을 시작했다. 직장 생활과 사업, 두 가지 선택의 장단점을 적어보았을 때, 결과와 상관없이 사업의 장점이 더 많다고 느꼈기 때문이었다.

누군가 '지금처럼 살래? 새로운 사업이라는 너의 일을 도전해 볼래?'라고 묻는다면 나는 한 치의 고민도 없이 더 설레는 미래를 선택하고 싶었다.

선택의 주도권은 나에게 있다

주변의 이야기는 참고만 하면 된다. 돌다리도 두드려보면 좋고, 긍정적으로만 생각하는 것에 한 번쯤 찬물을 끼얹어 보는 것도 사업을 더 진지하게 생각해볼 수 있는 기회가 될 수 있다. 무엇보다 중요한 것은 본인의 결정을 믿는 것이다. '그때 나에게 안 좋은 소리만 해서 사업을 시작도 못했잖아'라는 식으로 다른 사람 탓만 하며 후회만 남는 사람이 되지 않도록, 결정의 주도권자는 내가 되어야 한다.

우리는 매 순간 선택의 기로에 서 있다. 어떤 선택 하나가 때로는 기회가 될 수도 있고, 때로는 후회로 남을 수도 있다. 나도 아침에 일어나 아메리카노를 마실지, 달콤한 커피를 마실지 사소한 고민을 하기도 하고, 회사에서는 담당자들이 결정한 결재 서류에 최종 사인을 하며 나의 선택을 표현한다.

그 사인과 동시에 우리의 결정은 하나가 되며, 설령 그 배가 뒤집히더라도 결과에 동요하지 않으려 노력한다. 결과는 그 누구도 예측할 수 없고, 그 순간의 선택이 나의 최선이었다는 것을 믿기 때문이다.

가족이 생기며 달라진 선택의 무게

가정을 이루기 전에는 어쩌면, 무엇을 선택하든 가장 쉬운 시기였던 것 같다. 결혼 전에는 나만 괜찮으면 되었으니까. 하지만 가족이 생기면서부터 결정의 무게가 달라졌다. 이제는 엄마, 아내, 딸이라는 나의 위치에서의 역할을 고려하지 않을 수 없게 되었다.

당시 첫 사업을 시작하는 선택이 지금까지의 삶에서 가장 큰 고민이었다. 직장에서는 안정적인 급여가 나를 붙잡았고, 사업을 하는 일은 어린이집에 늦게까지 있어야 하는 아이들을 일찍 하원시킬 수 있는 장점이 있었다.

어떤 날은 잘될 것 같다가, 또 다른 날은 모든 것이 무너질 것 같은 두려움에 사로잡히기도 했다. 만약 내가 혼자였다면 "하다 안 되면 다시 시작하면 되지"라고 생각하며 쉽게 용기를 낼 수 있었겠지만, 가족이 있기에 더 신중할 수밖에 없었다.

내가 믿어야 하는 것

어떤 경우든, 자신의 의지가 가장 중요하다. 그러기 위해선 내가 원하는 것이 진정 무엇인지 알아야 한다. 확고한 기준이 없이 주변 이야기에만 귀 기울이면 결정의 오류를 범할 수 있다. 망한 사람은 당연히 망한 이야기만 한다. 잘되는 사람들에게 가면 그들은 공통으로 말한다. "그럼, 하면 되겠네."

해보지도 않고 아무리 고민해봐야 어떤 답도 나오지 않는다.

십수 년 사업을 지속한 나도, 이번 방문간호 프랜차이즈 사업을 기획하고 결정하는 데 있어 선택에 많은 시간이 걸렸다. 업계에서 오랜 기간 사업체를 크게 키운 회장님들에게 사업계획서를 자문받고 나면, 항상 같은 말씀을 하셨다.

"하면 돼."

계획했으면 실행하라는 뜻이다. 나의 질문 의도를 그분들도 알고 있었을지 모르겠다. 도전해 보고 싶은데, 한 번 더 확인받고 싶었던 마음이 있었으니까. 결국 나는 용기를 내어 새로운 사업을 망설임 없이 시작했다.

지금까지 살아오면서, 나는 선택의 무게를 수없이 경험해왔다. 때로는 두려웠고, 때로는 망설였지만, 결국 내가 믿었던 것은 나 자신이었다. 다른 사람들의 말에 귀 기울이는 것도 중요하지만, 그들이 나의 길을 대신 걸어줄 수는 없다. 나의 인생에서 가장 중요한 결정은 내가 내리는 것이고, 그 결과 또한 내가 감당해야 한다.

선택이 어떤 결과를 불러올지 알 수 없기에 막막하고 불안한 것이 사실이다. 그래서 누군가는 도전이라는 모험을 하고, 누군가는 지금에 안주한다.

하지만 꿈을 미뤄두고 나이를 먹는다면 40, 50, 60대가 되어서 가보지 않은 그 선택의 길을 분명 아쉬워할 것이다. 늦었다고 생각하는 그 순간이 가장 빠른 시작일 수도 있다. 내가 가보지 않은 그 길이, 결국 내가 원하던 길일지도 모르기 때문이다.

직장을 우아하게 마무리하는 기술

세상은 참 좁다. 새로운 사람들과 얘기를 나누다 보면, 서로 아는 지인이 공통으로 나오는 경우가 종종 있다. 이럴 때는 '신기한 일이네' 하고 가볍게 넘길 수도 있지만, 때로는 말하고 싶지 않았던 과거가 드러나기도 한다.

사업을 하게 되면, 직장 생활 때보다 만나는 사람의 범위가 훨씬 넓어진다. 예상하지 못한 곳이나 상황에서 아는 사람을 우연히 만나거나 새로 알게 되는 경우가 많아 나도 종종 세상 참 좁다고 느낀다. 가끔 참석하게 되는 학회에서 나를 무척 예뻐해 주던 병원 팀장님을 만나 반가웠던 기억도 있고, 반대로 미팅 자리에서 나를 힘들게 했던 상사와 만나 서로 껄끄러운 상황에 놓였던 기억도 있다.

평판 관리의 중요성

몇 년 전의 일이다. 회사의 채용을 담당하던 이사님이 한 장의 이력서를 들고 내 방으로 찾아왔다. 그는 의자에 앉자마자, 예전에 병원에서 겪었던 황당한 이야기를 풀어놓았다. 예전에 일하던 병원에서, 이전 담당자가 아무런 설명도 없이 모든 데이터를 지워버리고 퇴사하는 바람에 몇 달 동안 야근을 하며 자료를 다시 만드는 등 매우 힘들었던 적이 있는데, 그 퇴사자가 바로 이력서를 제출한 그 사람이었던 것이다.

이사님의 에피소드 외에도 비슷한 이야기를 여러 번 들었던 적이 있다. 병원뿐만 아니라 규모가 큰 회사에서도 20년 넘게 일한 팀장이 퇴사하면서 자료를 지워버렸다는 다소 황당한 이야기를 종종 듣는다.

나는 그들에게 한 가지를 꼭 기억해두라고 말하고 싶다. 퇴사할 때 사장이나 상사가 얄미워 그동안의 자료를 지운다고 해도, 정작 고생하는 건 그들이 아니다. 잠시 불편할 수는 있겠지만, 결국 진짜 고생하는 사람은 얼굴도 모르는 후임자다. 그 후임자는 처음부터 다시 일을 수습하면서 당신을 마음의 적으로 여길지도 모른다.

혹시라도 언젠가 다시 마주치게 된다면, 그 감정이 그대로 드러나지 않을까. 이사님이 들고 온 이력서 속 그 사람처럼 말이다.

우아하게 마무리하기: 퇴사의 기술

사업을 고려하고 있다면, 직장을 우아하게 마무리하는 기술은 더욱 중요하다. 언제 어디서 어떻게 마주칠지 모르는 그 사람들에게 '평판'은 곧 내 사업의 이미지이자 내 회사의 얼굴이 되기 때문이다.

직장을 우아하게 끝내는 것이 쉬운 일은 아니지만, 원망, 갈등, 실망 등의 부정적인 감정은 내려놓고 깔끔하게 뒤돌아서는 것이, 본인에게 긍정적인 영향을 미칠 수 있다. 최소한 부정적인 영향은 오지 않는다.

아무리 회사와 갈등이 있었던 상황이라도 퇴사 후에 볼일이 있어 연락하는 게 껄끄럽지 않을 정도로 마무리하는 것이 중요하다. 물론 서로 웃으며 앞날을 축복해 주면 좋겠지만, 퇴사의 이유는 단순하지 않다. 퇴사 후 그 회사가 쳐다도 보기 싫을 수 있지만, 경력 증명서가 필요할 수도 있고, 업무와 관련된 사항을 물어봐야 할 때가 있다. 특히 경력자들은 더욱 공감이 될 것이다.

경력 증명서가 아니더라도 이력서에는 반드시 업무 경력 한 줄이 남게 마련이다. 회사 이사님의 에피소드처럼, 우연히 그 한 줄의 경력만으로도 말하고 싶지 않은 과거가 알려질 수 있다. 또, 몇 년을 몸담아온 곳에 전화 한 통조차 할 수 없다는 건 너무 서글픈 일이다.

퇴사할 때 이직한다고 말하는 것이 불편해 지방으로 내려간다든지 부모님을 모셔야 한다고 둘러댄 친구들도 있었다. 하지만 얼마 후 근처 다른 병원에서 근무하고 있다는 소식을 들으면, '말하기 어려웠겠구나!' 싶으면서도 배신감이 들었다. 그런 경험을 하며, 나는 직장을 떠날 때는 솔직하게 말하는 것이 낫다고 생각하게 되었다. 물론 서운해하는 경우도 있었지만, 서로 잘 지내라는 격려 속에 헤어질 수 있었다.

이직이나 창업을 하더라도, 이전 회사에서의 마무리가 깔끔하지 않다면 지금까지 쌓아온 경력이 빛을 잃을 수 있다. 경력은 새로운 도전의 발판이지만, 떠난 자리의 평판이 앞으로의 길에 그림자를 드리울 수 있다는 점을 기억해야 한다.

"회사가 마음에 들지 않으면 나가면 그만이지!" 라며 퇴사를 통보하고, 새로운 사람을 채용할 시간도 주지 않은 채 다른 곳으로 이미 출근을 결정했다며 떠나버리는 행동을 해서는 안 된다.

내가 대표자가 되었을 때, 지금의 나 같은 사람과 일하고 싶을지 생각해보면 답이 나온다. 1초의 망설임도 없이 나 같은 사람과 일하고 싶다면 창업을 준비해도 좋다. 하지만 잠시라도 대답이 망설여진다면, 마음을 다잡고 내가 누구와도 일하고 싶은 사람으로 변해야 한다. '유유상종', '끼리끼리'라는 말이 있지 않은가.

내 주변에 어떤 사람이 있기를 바라는가? 그 답은 사실 내가 어떤 사람인지를 먼저 돌아보는 데 있다. 내가 어떤 사람이냐에 따라 나의 생활방식, 태도, 습관 등이 비슷한 사람들이 자연스럽게 모여든다.

나는 긍정적인 에너지를 가진 사람인가, 아니면 부정적인 생각에 자주 사로잡히는 사람인가? 나의 태도와 행동은 주변 사람들에게 어떤 영향을 미치는가? 이는 내가 어떤 환경에서 일하고, 어떤 사람들과 함께할지를 결정짓는 중요한 요소가 된다.

내가 어떤 사람이냐에 따라, 나의 인생과 사업의 방향도 결정된다. 사업을 시작하는 순간, 내 주위에는 내가 닮고 싶은 사람들이 모여들 것이고, 그들이 나의 비즈니스 파트너가 되거나, 나의 고객이 되거나, 나의 멘토가 될 수도 있다.

그들은 나와 같은 목표를 향해 함께 걸어갈 동반자가 될 것이다. 그렇기에 내가 먼저 변화하고, 성장해야만 한다. 스스로를 존중하고, 끊임없이 발전해나가는 사람에게는 자연스럽게 같은 결을 가진 사람들이 모이게 마련이다.

필요한 자존심만 지켜라

　무엇이든 처음은 어렵기 마련이다. 시간이 지나면 자연스럽게 익숙해지지만, 사업을 처음 시작하는 그 순간은 누구에게나 가장 힘든 시기다. 익숙하지 않은 일을 직접 해결해야 하니 서툴고 실수하는 것은 당연한 일이다.

　그런데 많은 초보 사장들은 이 힘든 시기에 자신이 '사업 체질'이 아니라고 느끼며 쉽게 포기하곤 한다. 하지만 '사업 체질'이라는 것은 처음부터 존재하지 않는다. 사업은 누구나 처음에는 어려운 것이다. 중요한 것은 그 어려움 속에서 포기하지 않고 자신의 길을 개척해나가는 능력이다.

　스티브 잡스는 "나는 이기는 사람이 아니라 살아남는 사람이 되기를 원했다"라고 말했다. 애플이라는 혁신적인 성과를 이룬 그조차도 그의 경력에서 수차례 실패를 경험했고, 심지어 자신이 세운 회사에서 쫓겨나기도 했다. 그럼에도 불구하고, 그는 자신의 자존심을 지키되, 쓸데없는 고집은 버리고 현실을 받아들이며 다시 일어섰다. 사업에서 필요한 자존심은 바로 이런 것이다. 자존심은 모든 것을 고집하는 것이 아니라, 지켜야 할 가치와 타협해야 할 상황을 분명히 구분하는 데서 비롯된다.

자존심의 정의

"쓸데없는 자존심은 버리고, 정말 필요한 자존심만 지켜라."

사업을 하며 스스로에게 늘 다짐했던 말이다. 사업 초기에 한 번쯤 삐걱거리는 것은 필연적이다. 경험이 없으니 실수도 잦을 수밖에 없고, 회사의 시스템 역시 완벽하게 정립되지 않아서 업무가 뒤죽박죽되는 경우가 종종 생겼다. 그때마다 나는 실수를 인정하고 바로 수정하려 노력했다. 변명하기 시작하면 거짓말을 하게 되기 쉽고, 그 거짓말은 또 다른 거짓말을 낳으며 상황을 더 어렵게 만들기 때문이다.

세계적인 투자자 워런 버핏은 "명성은 20년을 걸려 쌓을 수 있지만, 단 5분 만에 무너질 수 있다"라고 말했다. 사업에서 자존심을 지키는 것과 명성을 지키는 것은 같은 맥락이다. 실수했을 때 그것을 인정하고 고쳐나가는 것은 명성을 지키는 첫걸음이다. 변명하고 감추려 하다가는 오히려 더 큰 불신을 부르게 된다. 사업을 하면서 자존심을 지키고 싶다면, 실수 앞에서 솔직하고 책임감 있는 태도를 보여야 한다.

문제 앞에서 겸손해지기

문제가 생기면 상대방의 불평에 감정을 섞지 않고 있는 그대로 들으려 노력했다. 감정이 섞이면 본질을 놓치고, 상대방의 말투나 눈빛 같은 주관적인 부분만 남기 때문이다. 이런 불평을 받아들이는 태도가 내 자존심을 상하게 하는 것이 아니다.

오히려 내가 잘못한 부분을 수정할 기회를 주는 것이다. 만약 상대방이 나에게 아무 말도 하지 않고 일이 끝나버리면, 몇년 동안 그 사람에게 나와 우리 회사는 부정적인 이미지로 남을 수 있다. 자존심이란, 잘못된 행동을 고집하는 것이 아니라,

잘못을 인정하고 바로잡을 때 더욱 빛나는 것이다.

실패 속에서 억지로 자존심을 세우는 대신, 그 실패를 통해 배울 수 있는 점을 찾는 것이야말로 진정한 사업가의 자세다. 사업을 시작하니, 직장에 있을 때보다 자존심이 상할 때가 더 많았다. 하지만 그럴 때 나는 오히려 더 열심히 일하고 문제에 부딪혔다.

문제가 생기면 어디든 직접 달려갔고, 그 과정에서 오해를 풀거나 나만의 시스템을 확립해나갔다. 고객이나 파트너의 불만이 생겼을 때, 나는 한 발 물러서서 그들의 이야기를 경청했다. 상대방의 입장에서 문제를 해결하려고 하면, 대체로 그 문제는 의외로 간단하게 풀리는 경우가 많았다. 그리고 그 과정을 통해 문제 해결을 넘어 나만의 사업 프로세스를 하나씩 정립할 수 있었다.

필요한 자존심과 불필요한 자존심

사업을 하다 보면, 때로는 모멸감이나 수치심을 느끼게 되는 순간이 반드시 온다. 거래처에서 터무니없는 요구를 받을 때도 있고, 불공정한 대우를 받을 때도 있다. 나는 그럴 때마다 불필요한 자존심을 세우는 대신, '어떻게 하면 이 상황을 가장 현명하게 해결할 수 있을까'를 고민했다. 중요한 것은 내가 내야 할 목소리가 무엇인지 아는 것이다. 내 자존심을 지켜야 할 때와, 그것을 잠시 내려놓고 상황을 해결해야 할 때를 구분할 수 있는 분별력이 필요하다.

미국의 전설적인 기업가 헨리 포드는 "실패는 더 현명한 결정을 위한 기회일 뿐이다"라고 말했다. 이 말은 사업을 하며 맞닥뜨리는 다양한 어려움 속에서 가장 중요한 것은, 문제를 피하지 않고 직면하는 용기임을 일깨워준다. 그리고 그 과정에서 우리는 진정으로 지켜야 할 자존심이 무엇인지를 배워나간다.

지금까지 내가 깨달은 바는 이렇다. 진정한 자존심이란, 포기하지 않고 끝까지 자신을 밀어붙이는 데서 나온다. 누구나 수많은 도전과 실패를 겪는다. 그 과정에서 우리는 불필요한 자존심을 버리고, 자신을 지탱해줄 정말 중요한 가치에 집중해야 한다. 그렇지 않으면, 스스로 세운 자존심이 오히려 자신의 발목을 잡을 수 있다.

사업은 결국 나를 넘어서는 과정이다. 불필요한 자존심은 내려놓고, 정말 지켜야 할 핵심 가치를 붙들며 나아가고 있기에 나의 사업 또한 무난하게 성공의 궤도에 오를 수 있었다. 성공은 그저 운에 달린 것이 아니라, 순간순간 내리는 선택들의 결과다. 사업을 하는 데 있어 끝없는 도전과 끊임없는 자기 성찰이 필요한 이유다.

"누구와도 일하고 싶은 사람으로 변해야 한다."

돈을 제일 잘 버는 나이는 언제인가요?

사람들은 내가 언제부터 돈을 벌기 시작했는지 궁금해한다. 그리고 자산이 얼마나 되는지, 집은 어디에 있는지, 직원은 몇 명인지, 사무실 규모는 어떤지 슬쩍 떠본다. 이런 질문들은 속이 훤히 보이지만, 나도 돈이 많은 사람을 보면 이것저것 궁금해지기도 하니 크게 불쾌하지는 않다. 나를 잘 모르는 사람들은 남편이 돈이 많아서, 또는 집안이 넉넉해서 사업 자금을 대주어 편하게 사업을 해온 줄 안다. 그러나 만약 정말 그랬다면, 나는 아마 벌써 사업이 망했을 것이다. 노력 없이는 트럭으로 돈을 쏟아부어도 사업은 결코 성공할 수 없다.

20대의 욕망

나의 20대는 돈을 벌고 싶다는 욕망이 꿈틀대던 시기였다. 그때 나는 낮에는 직장에 다니고, 밤에는 동대문에 가서 휴대폰 줄과 장갑을 떼어와 지하철 입구에서 팔았다. 그 경험을 통해 사람을 상대하는 법과 가격을 흥정하는 법을 배웠다. '사업을 하려면 이런 것부터 배워야 한다'는 나만의 생각이었다.

작은 노점이었지만, 상품을 어떻게 배치할지 신경 썼고, 물건이 잘 팔리지 않을 때는 할인이나 1+1 이벤트를 기획했다. 어릴 적 명절 대목에 과자 선물 세트를 꾸미던 경험 덕분에, 상품을 좀 더 예쁘게 보이게 하는 법을 자연스럽게 알 수 있었다.

인생의 경험에서 버릴 것은 없다. 예를 들어 주말이나 기념일에 연인들에게 인기 있는 1+1 이벤트를 비싸게 설정해서, 커플들에게 큰 인기를 끌었다. 고객들과 대화하면서 자연스레 낯이 두꺼워지고 대담해졌다.

이후 트럭을 구매해 커피 트럭으로 개조했다. 학교 축제 입구에서 아이스크림을 추가 판매하며, 같은 장소에서 상품을 하나 더 추가했을 때 어떤 매출 효과가 있는지 직접 확인할 수 있었다. 그 시절, 커피 트럭을 몰고 공원이나 행사장을 다니며, 사업은 머릿속 아이디어만으로는 안 되고 실행력이 필요하다는 것을 배웠다. 커피 트럭 창업 유행이 지나갈 즈음, 나는 커피 트럭을 투자한 금액보다 더 비싸게 팔고 다른 아이템을 구상했다.

30대, 시련을 통해 성장하다

30대는 돈을 쫓아다니며 수많은 시련을 겪은 시기였다. 돈은 마치 나에게 "내가 너에게 가면, 나의 가치를 알고 쓸 수 있겠니?"라고 묻는 듯했다. 열심히 했지만, 꼭 한 번씩은 크게 넘어졌다. 오뚝이처럼 다시 일어섰지만, 사람과의 관계에서 받은 상처는 쉽게 회복되지 않았다. 믿었던 사람에게 이용당한 기억도 많다. 이때는 전국을 돌아다니며, 똥과 오줌을 가리는 연습을 한 시기나 다름없었다.

그러나 40대가 되자 더 이상 두려울 것이 없었다. 세상 물정을 알고 목표를 향해 직진할 수 있는 시기였다. 내가 결정하기 어려운 일은 자문을 구할 인맥도 생겼다. 도전적인 태도로 맡은 일은 어떤 상황에서도 해내는 나를 향해, 주변에서는 '신뢰할 수 있는 사람'이라고 평가하기 시작했다.

고난의 시기를 버텨낸 이유

서른 초반에 사업을 시작했지만, 처음 5년은 정말 고생스러웠다. 남산터널을 지날 때 현금 2천 원이 없어서 낭패를 보거나, 매일 아침 카드 연체 전화를 받는 것이 일상이었다. 지금 돌아보면 그 시기를 어떻게 버텨냈을까 싶다. 여러 이유가 있겠지만, 무엇보다 일이 재미있었고 새로운 것을 배우고 성장하는 과정이 좋았다. 나는 이 모든 것을 '잘되기 위한 과정'이라고 생각하며 힘들 때마다 스스로를 위로했다.

그래서 매일 나의 솔직한 감정을 담은 '감정 일기'를 썼다. 처음엔 빈 노트에 수기로 썼지만, 누가 볼까 봐 솔직하게 쓰지 못했다. 그래서 노트북에 암호를 설정한 폴더를 만들어 마음을 솔직하게 쏟아냈다. 막 써 내려가다 보면 마음이 정리되고 정화되었다. 그렇게 거의 매일 감정 일기를 쓰던 내가 지금은 1년에 한 번 쓸까 말까 하다. 그만큼 이제는 작은 일에 쉽게 흔

들리지 않게 된 것이다.

그때도 나는 무슨 자신감이었는지 모르겠지만, 마음먹은 일이 안 될 거라고는 한 번도 생각하지 않았다. 하루하루 어떻게 하면 더 잘해볼 수 있을지 생각하며 늘 바빴다. 만약 사업 초기에 일이 없다는 이유로 책상만 바라보고 있었다면 지금의 나는 없었을 것이다. 승산이 희박한 일을 하더라도, 나는 마치 이미 성공한 사람처럼 정장을 입고 미용실을 다녀온 뒤 업체를 돌며 최선을 다해 프레젠테이션을 했다. 적어도 나 자신에게만큼은 나는 들러리가 아닌 주인공이었다.

진짜 돈을 벌게 된 순간

어느 날 문득, 돈이 들어오기 시작했다. 급여일에 잔고가 남아있는 5만 원까지도 모아야 했던 때가 있었지만, 점점 통장에 억 단위의 잔고가 남아있었다. 그때가 돈을 보고 가장 놀랐던 시기였다. 이후로도 몇십억이 통장에 들어있는 것을 보며, 나는 내가 성공했음을 실감했다.

사주집에서는 내가 사업운이 있고, 특히 컨설팅과 교육 쪽이 잘 맞는다고 했다. 우연일 수도, 운명일 수도 있지만 크게 틀린 이야기는 아니었다. 또 이사를 잘했다고 했다. 내가 살고 있는 방배동이 나에게 잘 맞는 동네라고 했다. 우연일지 필연일지 모르겠지만, 강남으로 이사 온 뒤 사업이 더 잘 풀린 건 사실이다.

마지막으로, 그 사주집에서는 내가 50세가 되면 주변에까지 좋은 영향을 주며 크게 성공할 것이라고 말했다. 어느덧 그 나이가 가까워지니, 그때 들었던 이야기가 정말 현실이 되었으면 하는 바람이 생긴다. 하지만 내 이야기를 듣고 '운이 좋아 그렇다'고만 생각하진 않았으면 한다. 사업에서 성공하기 위해 운도 중요한 요소임은 분명하지만, 그 운을 어떻게 활용하느냐는 결국 나 자신의 몫이기 때문이다.

경험과 노력이 쌓이다

진짜 돈을 버는 시기는 40대와 50대라고 생각한다. 하지만 그전에 반드시 쓴맛과 단맛을 충분히 경험해야 한다. 단맛만 보다가 쓴맛을 너무 늦게 알게 되면 그 대가가 크다. 쓴맛을 일찍 맛보아야 더 큰 손실을 피할 수 있다. 20대는 많은 경험을, 30대부터 자신이 잘할 수 있는 일을 찾고 실력을 쌓아둔다면, 40대와 50대에는 큰 돈을 벌 기회가 반드시 온다고 확신한다.

결국, 사업에서 성공하는 길은 운이나 외부 지원이 아닌, 꾸준한 노력과 실행력, 그리고 경험에서 얻은 지혜에 달려 있다. 나의 20대는 도전의 시기였고, 30대는 시련 속에서 성장하는 시기였다. 그리고 40대와 50대에 들어서며 그 결실을 맺기 시작했다.

나는 다음 세대에게 말하고 싶다. 실패를 두려워하지 말고, 끊임없이 도전하며 자신의 길을 찾으라고 말이다. 그렇게 하면 언젠가는 반드시 자신만의 성공을 이룰 수 있을 것이다. 이 말은 그저 흔한 격려가 아니다. 내가 직접 겪어온, 진심 어린 조언이다.

2장

1천만 원으로 사업을 시작할 수 있을까

자본금 1천만 원은 보증금 500만 원에 월세 30만 원의 가장 저렴한 10평 남짓한 사무실을 얻고, 그 외 집기와 비품을 중고로 구입하며 천만 원의 자본금 외에는 돈을 더 투자하진 않았다. 사업이 안정되기 전까지는 새 책상을 쓰지 않았고, 사소한 지출을 막기 위해 조금 불편해도 참았다.

그렇게 나는 첫 사업을 시작했다.

"대표가 버티느냐 포기하느냐에 따라 회사의 운명이 달렸다."

사업 자금이 부족하면 자신감으로 채워라

글로벌 경기침체로 인한 경영환경의 불확실성이 갈수록 커지고 있다. 이런 어려운 여건 속에서도 이차전지 관련 소재·부품·장비 생산에서 연평균 20% 성장세를 보이며, 작년 매출 475억 원을 기록한 강소기업이 있다.

유진테크놀로지는 27년 차 베테랑 여성 엔지니어 이미연 대표가 키운 회사이다. 이 대표는 대학 졸업 후인 1998년 일본계 금형업체에 첫발을 들였다. 하지만 현장은 냉혹했다. "여자가 기계를 다룰 수 있겠냐?"는 편견과 차별 속에서, 이 대표는 10년 넘게 악착같이 버텼지만, 주변의 시선은 나아지지 않았고 승진에서도 차별받기 일쑤였다.

결국 이 대표는 결단을 내리고 2009년 자본금 3천만 원으로 청주 오송에 60평 남짓한 창고를 얻어 창업했다. 소규모 기계 부품을 생산하고, 직접 수리도 다녔다. 과거 현장에서 맺었던 인연으로 납품처를 늘려 나갔고, 고객의 요구에 맞춘 신속한 대응과 기술력은 금세 업계에 입소문이 났다. 이 대표는 성공의 비결을 "내가 잘 만드는 제품을 파는 것도 중요하지만, 고객의 어려움을 파악하고 신속한 서비스를 제공하는 것"이라고 말했다.

기계설비가 고장 난 한 고객사가 독일산 기계 부품을 구하지 못해 어려움을 겪자, 이 대표는 불량 원인을 파악해 불과 2주 만에 대체 부품을 만들어 공급했다. 이 기업의 역사는 이 대표의 성공기 그 자체다. 2014년에는 매출액 100억 원을 돌파했고, 4년 뒤인 2018년에는 245억 원, 2023년에는 475억 원을 기록했다. 이차전지 산업의 미래를 예측하고 관련 설비 개발에 전력한 점도 기업 성장의 주요 요인이었다.

유진테크놀로지는 이차전지 관련 특허만 24건, 디자인 특허 11건을 보유하고 있으며, 언제든 작업 현장에 들어갈 수 있도록 청바지 차림을 고수하는 이 대표의 자신감 넘치는 한마디는 "기계설비 현장을 저보다 잘 아는 여자 엔지니어는 없을 걸요?"였다.

자본금보다 중요한 자신감

자본금 3천만 원으로 시작한 사업이 수백억에 달하는 매출을 달성하게 될지, 이미연 대표는 알지 못했을 것이다. 하지만 그녀가 준비한 돈에는 단지 3천만 원이라는 돈의 가치 이상의 준비성과 마음가짐, 행동력과 기술력이 포진되어 있었다.

많은 사람이 사업을 시작할 때 초기 사업 준비 자금이 얼마인지를 먼저 따지는 경우가 많다. 사업을 하고 싶어하는 주변 사람과 이야기를 나눠보면, '요즘 같은 시대에 몇억은 있어야 사업을 시작하죠'라고 말하는 사람이 매우 많다. 사실, 그 핑계로 사업을 시작조차 하지 못하고 있는 것이다. 자본금이 많으면 사업을 성공시킬 수 있다는 안이한 생각으로는 사업을 시작조차 할 수 없다. 사실, 사업의 시작은 돈의 제약을 받지 않기 때문이다.

첫 사업은 예상치 못한 상황에서 시작되었다. 잘 다니던 병원이 갑작스럽게 양도가 결정되면서 병원 내부는 혼란에 빠졌다. 일부 직원들은 해고될 것을 염려하며 이직을 준비했고, 굳이 병원을 그만두고 싶지 않은 사람은 정보를 수집하며 상황을 주시했다.

나도 고민에 빠졌다. 막연히 사업을 꿈꿔왔지만, 지금이 그 기회인지 아니면 아직 때가 아닌지 확신할 수 없었다. 설레기도 하고 불안하기도 했다. 그러나 한 가지는 확실했다. 지금이 바로 변화가 필요한 시기라는 느낌이 강하게 들었다.

결혼 전에는 급여가 많거나 규모가 큰 대학병원을 선호했다. 그러나 결혼 후, 5살과 4살 아이를 키우면서 상황은 달라졌다. 더 이상 병원의 급여나 규모를 따질 시간, 체력적 여유가 없었다. 당시 다니던 요양병원을 지원한 이유 또한, 집과 가깝다는 이유 하나 때문이었다. 게다가 막 개원한 곳이었기에 요양병원 근무 경력이 없어도 배워가면서 근무할 수 있지 않을까 하는 막연한 생각도 있었다.

아니나다를까, 처음 지원했을 때 경력이 없다는 이유로, 면접조차 보지 못했다. 이후 불행인지 다행인지 한 달 동안 근무

할 곳을 고르지 못해 헤매던 중, 처음 지원한 병원에서 면접을 보러 오라는 연락을 받았다. 나는 주저없이 면접에 응했다.

공교롭게도 그 면접에서 지금의 나를 이끌어 준 귀한 인연을 만났다. 그는 깡마른 몸에 까만 얼굴을 가진, 날카로운 첫인상을 주는 사람이었다. 내 경력을 듣고 반신반의하는 태도를 보였지만, 결국 나는 합격했다. 나중에 이유를 물어보니 나의 자신감 덕분이었다고 했다.

처음 해보는 업무에 대해 지인에게 배워서 할 수 있다고, 어떻게든 해내겠다는 자신감 있는 태도가 신뢰를 주었다는 것이다. 게다가 출근하기로 한 사람이 입사 며칠 전 거부 의사를 밝힌 덕분에 나에게 기회가 찾아왔다는 것을 알게 되었다. 이 경험은 경력이 없는 취업 도전자에게 자신감이 얼마나 중요한지를 깨닫게 해주었다.

경력도 없고 의욕마저 없는 사람을 채용하기란 쉽지 않다. 나는 그런 기회를 잡았기에 출근이 더욱 감사했다. 막 개원한 병원은 퇴사도 많고 힘들다는 소문이 있어 채용도 쉽지 않다. 나는 원래의 업무 외에 원무과 업무와 수납 관리까지 맡게 되었다. 이러한 경험은 병원의 사정을 이해하고 받아들이는 데 큰 도움이 되었다.

자본금 1천만 원으로

어느 날, 원무부장이 입원 환자 상담 업무를 나에게 제안했다. 상담을 맡던 간호과장이 퇴사하면서 생긴 일이었다. 급여를 더 주는 것도 아니었고, 이미 업무도 포화 상태였지만 나는 거절하지 않았다. 원무부장은 서류 업무가 약한 나에게 참고할 자료를 제공하며, 노력한 부분에서는 칭찬을 아끼지 않았다. 3개월 동안 몸무게가 3kg 빠질 정도로 힘들었지만, 그 기간은 나를 가장 크게 성장하게 했다. 환자가 입원 상담을 마치고 입원하지 않으면 내 상담이 부족했는지 되돌아보며 신경을 썼고, 말을 많이 하다 보니 입맛도 없었다.

이후 새로 온 간호과장과 함께 많은 시간을 보내며 지금까지도 인연을 이어오고 있다. 이는 상담하는 사람의 마음을 이해하고, 어려울 때 도와주려 노력한 결과였다. 3개월 동안 입원 환자는 100명을 넘었고, 나의 자존감 또한 크게 향상되었다. 이 자존감이 내가 창업을 결심하는 데 큰 역할을 했다.

병원이 안정되었을 때, 나는 많은 혜택을 받았다. 보너스를 받고, 한약도 제공받았으며, 토요일 근무에서도 제외되었다. 그러나 가장 큰 혜택은 아이가 아플 때 시간을 할애받을 수 있었던 것이다. 이전에는 개인적인 사유를 말도 꺼낼 수 없었고, 항상 퇴사를 고려하며 일해야 했다.

그렇게 만족하며 일하던 병원이었고, 애정을 품고 있던 병원이었는데, 갑작스러운 양도 소식은 나에게 큰 충격이었다. 퇴사를 고려하면서도 다른 병원에 재입사하고 싶지 않았다. 지금까지의 열정을 다시 어딘가에 쏟기 어렵고, 적당히 눈치만 보며 일하기에는 내 자신이 한층 성장해 있음을 알게 되었다.

창업을 결심하면서, 나는 준비가 되었는지, 어떤 일을 할 수 있을지 고민하기 시작했다. 먼저 사업하는 데 필요한 자본금이 얼마나 준비되었는지 살펴보았다. 직장 생활 동안 매월 20만 원씩 약 5년간 적금을 넣어둔 것이 1천만 원 정도 있었다. 자본금 1천만 원으로 지금의 경험을 살려 인건비를 아낄 수 있는 창업이 무엇인지 알아보면서 동시에, 내가 가장 잘할 수 있는 일과 관심 있는 일이 무엇인지 찾아보기 시작했다.

어릴 적 조부모님 밑에서 자란 환경 덕분인지, 요양병원에서 근무할 당시 어르신들과 어울리는 것이 마음이 편하고 그분들과 이런저런 속마음을 나누는 것에 거부감이 없었다. 젊은 환자들보다 어르신들을 돌볼 때가 더 보람을 느낄 수 있었다.

일반 병원에서 간호사로 일할 때는 시간에 쫓기다 보니, 업무를 빨리 해결하는 데 급급했다면, 요양병원에서는 어르신들의 마음속 외로움을 직면하고 그들과 인간적인 이야기를 나누면서 간호사라는 직업이 좋아지기 시작했다. 이런 경험이 방문간호센터 창업을 결심하게 된 큰 계기가 되었다.

기회가 가져다 준 첫 창업

그렇게 '베스트케어 방문간호센터'를 창업했다. 당시 노인장기요양보험이 시작된 지 2년 정도라 아직 생소한 창업이었다. 간호사의 창업이 많지 않던 때라 주변에 도움을 받을 곳도 없었다. 그러나 나는 이 희소성이 오히려 장점이라고 생각했다. 누구나 할 수 있고, 많이 하고 있는 사업은 메리트가 떨어지는 것이 분명했다.

　마지막으로, 시너지를 낼 수 있는 파트너를 찾았다. 방문간호는 어르신들의 건강뿐 아니라 사회복지도 중요했다. 나는 당시 병원에서 함께 일하다가 퇴직을 결심한 사회복지사와 함께 사업을 시작했다. 지금은 사회복지사를 채용하면 인력 가산점이 있지만, 당시에는 사회복지사 채용에 대한 가산 기준이 없었다. 당시 방문간호센터를 창업하는 사람은 사회복지사의 필요성에 대해 회의적이거나 무관심했지만, 나는 사회복지사는 필요한 인력이라고 생각했고, 그 결정은 시간이 갈수록 주효했다.

　자본금 1천만 원은 보증금 500만 원에 월세 30만 원의 가장 저렴한 10평 남짓한 사무실을 얻고, 그 외 집기와 비품을 중고로 구입하며 천만 원의 자본금 외에는 돈을 더 투자하진 않았다. 사업이 안정되기 전까지는 새 책상을 쓰지 않았고, 사소한 지출을 막기 위해 조금 불편해도 참았다.

　그렇게 나는 첫 사업을 시작했다.

　사업을 성공적으로 이끌 수 있었던 것은 순전히 운 덕분이 아니었다. 매월 20만 원씩 쌓아가며 꿈을 잊지 않았고, 많은 경험을 통해 배운 것을 활용했다. 내 직장을 잃은 것은 오히려 나에게 새로운 길을 열어주었다. 변화가 없었다면 사업가로서의 나는 없었을 것이다. 누군가에게는 위기였던 상황이 나에게는 기회로 다가왔다.

1년 만에 매출 0원에서 3억 원으로

안정된 직장에서 괜찮은 연봉과 대우를 받던 나는, 어느 날 창업을 결심했다. 주변 사람은 대부분 내가 다시 직장으로 돌아갈 것이라고 예상했다. 사업을 시작할 때 응원하는 사람보다 말리는 사람이 많은 이유는 간단하다. 성공 사례보다는 실패 사례가 더 많기 때문이다.

사업을 시작하며 센터장이란 직함을 얻으니, 일시적으로 성공한 듯한 기분이 들었다. 그러나 그 감정은 3일간의 행복에 불과했다. 오픈 준비를 하며 핑크빛 미래를 꿈꾸었지만, 한 달이 지나자 월세 부담이 현실로 다가왔다. 투자 비용이 다른 사업에 비해 적다는 점에 안도하며 쉽게 추가 자금을 투입할 수 있다고 생각하는 것은 위험한 착각이었다. 나는 현재 가진 자금에서 아끼며 수익을 창출해야 한다고 결심했다.

센터의 초기 수입은 0원이었고, 지출만 늘어났다. 방법을 고민하던 중, 보험 청구를 배우고 싶어 하는 사람들을 주말에 모아 스터디를 개설하여 가르치기 시작했다. 덕분에 월세와 공과금을 충당할 수 있었다. 이 사람들은 센터에서 공부하며 센터의 역할을 이해하게 되었고, 병원 관계자들이 대부분이라 추후 계약 대상자를 소개까지 해주었다. 계획하지 않았던 일이었지만, 두 마리 토끼를 잡은 셈이었다.

현실의 벽, 사업의 첫 위기

초기에는 걱정이 많았다. 준비가 덜 된 상태에서 대상자가 몰려들면 어떻게 할지 고민하는 김칫국부터 마시는 우려였다. 그러나 3개월이 지나자 그런 걱정이 쓸데없다는 것을 깨달았다. 지인 기회에만 의존하며, 적은 월세를 내기 위해 고가도로 아래의 눈에 띄지 않는 위치에 센터를 마련한 여러 가지 이유도 문제였지만 가장 큰 문제는 나 자신이었다.

정신력이 흔들리기 시작했다. 이 사업이 과연 성공할까? 아니라면 하루라도 빨리 접는 게 최선이라는 핑계를 만들기 시작했다.

인건비와 운영비로 한 달에 300만 원이 필요했고, 최소 10명의 대상자가 있어야 했다. 센터의 서비스를 이용하려는 보호자들의 전화 상담은 가끔 있었지만, 실제 계약으로 이어지는 건수는 미비했다. 매출에 대한 압박은 점점 심해졌고, 만약 여기서 실패한다면 내 인생에 다시는 사업이 없을 것이며, 망한다는 것은 기존의 생활로 돌아간다는 것을 의미했다.

우선 잡생각을 없애기로 했다. 가만히 책상에 앉아있지 말고 몸을 움직이기로 마음먹었다. 전단지를 만들어 주변에 붙이며 홍보했다. 낮에는 전단지 만큼의 희망을 품고, 밤에는 피곤해 곯아떨어졌다. 대표가 포기하면 회사는 끝난다는 것을 잘 알고 있었다. 회사 내부의 문제가 생기든, 외부적으로 경영 위기가 오든, 대표가 버티느냐 포기하느냐에 따라 회사의 운명이 달렸다. 나는 그 끈을 놓지 않았다. 부정적인 생각을 스스로 차단하고 주변의 잠재 고객을 찾아다녔다. 경로당에 가서 어르신들 혈압도 체크해 드리고, 간식도 사다 드렸다. 그 일은 보람 있었다. 다만 돈이 없던 때라 맛있으면서도 많은 양을 살 수 있는 간식의 종류는 많지 않았다. 보통 바나나와 강냉이를 주로 샀었던 기억이 난다.

첫 고객, 그리고 그 이후

3개월이 지나 첫 고객이 들어왔다. 사업을 하다 보면 첫 고객은 항상 특별하게 기억에 남는다. 무엇보다 이 고객이 왜 우리 센터를 선택했는지가 사업을 하는 내내 중요한 요소가 된다. 지금까지도 이 요소를 떠올리면서 문제를 해결할 때가 많다.

그 고객은 처음에 다른 센터를 선택했지만, 그곳의 서비스에 실망하여 우리 센터를 다시 찾게 되었다고 했다. 처음 약속과는 다르게 행동하는 것에 실망한 후, 끝까지 성심성의껏 상담했던 우리 센터가 기억나서 다시 찾아왔다고 말했다. 믿고 찾아준 고객이었다. 정말 잘하고 싶었다.

이 고객과의 일화가 기억난다. 어르신을 모시고 병원에서 돌아오는 길, 초보 운전자였던 나는 어르신 댁이 있는 좁은 골목 끝까지 가기 위해 차문을 두세 번 이상 긁으며 간신히 들어

가곤 했다. 그때 차가 망가지는 것이 아깝다는 생각이 조금도 들지 않았다. 그 정도로 내게는 차 긁힌 것보다 중요하고 소중한 '첫 고객님'이었다.

부모를 생판 모르는 남에게 맡긴다는 것이 얼마나 어려운 일인지 상상해보라. 아무리 전문가라 해도, 부모의 안위를 맡기는 보호자의 마음은 항상 불안하고 걱정되기 마련이다. 나는 그들의 마음을 깊이 공감하며, 고객과 환자를 대하려고 노력했다.

한 명의 고객을 얻는 것은 어려웠지만, 2명~3명부터는 상대적으로 쉬웠다. 상담할 때 비교할 대상이 있으면 현실감 있는 상담을 제공할 수 있었다.

"이렇게 해드릴게요"와 "이렇게 하고 있어요"는 큰 차이가 있었다. 전자와 같은 대응은 보호자가 원하는 맞춤 서비스를 제공할 수도 있지만, 계획에 그칠 수도 있다. 반면, "이렇게 하고 있어요"는 이미 실행 중인 구체적인 서비스로, 신뢰를 더 높일 수 있었다.

우리 센터는 직원 교육에 많은 힘을 쏟았다. 기본 소양 교

육뿐만 아니라, 어르신들의 건강을 위해 욕창이나 낙상 발생
을 줄이는 데 집중했다. 또한, 어르신들의 상태를 보호자에게
격주로 연락 드리는 서비스를 제공했다. 이 서비스는 멀리 떨
어져 지내는 보호자들에게 큰 만족을 주었다.

상담 전화가 오면 센터의 장점이나 보호자들이 만족했던
사례를 이야기했다. 고객이 20명쯤 되자 대부분의 상담이 계
약으로 이어졌다. "이렇게 하고 있어요"라는 말의 힘은 훨씬
컸다. 이는 단지 계획이 아니라, 실제로 실행 중인 서비스를 보
여주는 것이기 때문이다.

사업의 궤도에 오르다

6개월이 되던 때 매출 0원에 침울했던 사업장은 활기 넘치
는 센터가 되었다. 요양보호사 선생님들도 센터에 한 번씩 들렀
고, 업무 처리를 위해 사회복지사 한 명을 더 고용할 수 있었다.

창업을 결심하며 성공한 사람들의 이야기를 읽다 보면 책
속에 그들처럼 되고 싶은 마음이 간절했다. 5권 이상 읽어 나
가다 보니 새로운 듯했던 책들은 모두 같은 말을 하고 있었다.

소위 성공한 사람들은 성공과 부의 법칙에서 '기본에 충실'하라고 얘기했다. 그들은 책에서 말한다. "본인은 평범하다. 남보다 강하거나 잘난 사람이 아니라, 묵묵히 노력했기 때문이다."

그 후 나는 '기본에 충실하자'는 사업 좌우명을 만들었다. 기본에 충실하기 위해 가장 먼저 했던 일은 요양보호사 자격증을 취득한 것이었다. 간호사였지만 방문요양 업무를 하기 위해서는 요양보호사 자격증이 필요했다. 다음으로 시작한 것은 운전 연수였다. 장롱면허였던 나는 기동력이 필요했다.

운전 연수가 단순히 사업 준비로 보일 수도 있지만, 나에게는 큰 도전이었다. 둘째 오빠의 교통사고로 인한 죽음 이후, 나는 차에 대한 공포증이 생겼다. 한때 커피 트럭을 운전하던 나였지만, 오빠의 죽음 이후 교통사고에 대한 공포는 쉽게 사라지지 않았다. 연수 기간 내내 팔에 힘을 너무 주어 한의원에서 침 치료를 받기도 했고, 큰 트럭이 지나갈 때마다 무서워서 눈물을 흘리며 극복해야 했다. 트라우마는 완전히 사라지지 않았지만, 점차 희미해졌고 나는 무사히 운전 연수를 마칠 수 있었다. 나는 지금도 빠르게 달려오는 차들이 무섭다.

당시의 제도에 따르면 센터장은 관리뿐만 아니라 방문간호, 방문요양, 방문목욕을 모두 할 수 있었다. 어르신들과 직접 소통하면서 만족도를 높였고, 갑작스러운 요양보호사의 공백에도 두려움 없이 대처할 수 있었다. 내 집 청소는 대충하더라도, 어르신들의 식사를 차려드리고 청소하는 데는 그 누구보다 정성을 다했다.

첫 월급 500만 원, 그 이후 3억 매출

시간이 흐르며 매출이 늘어갔다. 외부 상담으로 인한 계약 건수도 있었지만, 무엇보다 서비스받은 분들의 보호자들이 추천하여 소개해 주는 계약 건수가 더욱 많았다. 지금도 내부고객으로 인한 소개 계약률이 90% 이상이다.

그렇게 6개월이 되는 때, 나는 처음으로 순수익 500만 원을 가져갔다. 나는 그 500만 원을 '첫 월급'이라고 스스로 칭했다. 간호사 근무 시절, 500만 원은 쉽게 받을 수 없는 월급이었다. 그런 의미에서 사업을 시작하고 500만 원을 가져갈 수 있었다는 것은 내게 그야말로 사업 성공의 시작을 알리는, 나 자신에게 주는 '첫 월급'이었던 셈이다.

성장세에 있던 사업체는 창업 1년이 되던 때 매출 3억을 돌파했다. 월세 걱정 없이 오직 일에 매진할 수 있다는 생각이 가장 먼저 들었다. 사업의 시스템이 자리를 잡기 시작한 것이다.

3억 매출까지 쉬운 건 하나도 없었다. 언제 상담이 올지 모르니 자는 시간을 제외하고는 전화기를 끼고 살았다. 부재중으로 인해 계약할 수 있는 기회를 잃어버릴까 염려되어 했던 행동이었다.

처음 사업을 시작해서 사장이 일하면 좋은 이유는 시스템 구축이 잘된다는 것이다. 나의 경험과 노하우가 그대로 녹아들 수 있다. 어느 정도 자리를 잡을 때까지는 직장생활을 하면서 생각하던 '사장'처럼 뭔가를 지시한다는 생각은 버려야 한다.

예를 들어 카페를 하고 싶어하는 사람을 보면, 카페 창업을 취미 격으로 생각하는 사람들이 여전히 많다. 커피숍에 아르바이트생 한 명 두고 본인은 운영만 한다는 생각은 매우 위험한 발상이다.

나는 영업의 엄청난 기교가 있거나 말을 유창하게 잘하는 사람이 아니다. 지금까지도 상대방의 마음을 얻기 위해 어떻게 말해야 하는지 누군가 알려달라면, 정확히 설명하기가 어렵다. 다만 나는 할 수 있는 것과 할 수 없는 것을 명확히 얘기하고, 부족한 부분은 논의하여 반드시 해결해 나가려고 한다. 눈앞의 이익을 위해 무리하게 계약을 따내려고 하는 마음을 가지지 않고, 항상 최선을 다해 내 앞에 고객에게 나의 진심을 보여주려고 노력한다. 그것이 나의 첫 고객이 알려준 교훈이었다.

"어떻게 하면 조금 더 쉽게 이해시켜 줄 수 있을까."

온라인 교육과 컨설팅 전문가로 성공할 수 있었던 단순한 이유

방문간호센터의 매출은 안정세에 접어들었다. 더 이상 월세를 벌기 위해 보험청구 스터디를 할 필요는 없었지만, 수업에서 느끼는 보람을 내려놓고 싶지 않았다. 회사가 바빠져 그만둬야겠다고 생각하던 어느 날, 한 수강생이 "이해하기 쉽게 강의해주셔서 감사합니다"라는 말 한마디에 마음이 바뀌어 수업을 계속하게 되었다.

수업을 진행하면서 나 역시 많은 것을 배웠다. 머리로만 알고 있던 내용을 누군가에게 알려주기 위해서는 더 깊이 공부해야 했다. 고3 시절보다 더 많이 공부했다.

'어떻게 하면 조금 더 쉽게 이해시켜 줄 수 있을까'를 고민하며 내용을 정리하고, 표를 만들고, 도형을 그리며 나만의 자료를 만들었다. 지금도 인터넷에서 내가 만든 자료들을 종종 발견하곤 한다. 당시 2시간씩 자며 수업 자료를 만들던 열정 가득한 그때를 떠올리면 뿌듯함과 동시에 회상에 잠기게 된다.

보험청구 강의의 고수

보험청구 관련 수업을 진행하는 학원은 그 당시 전국에 두 곳뿐이었다. 두 학원 모두 20년이 넘는 역사를 가지고 있어서, 세 번째 학원을 연다는 것은 대담한 도전이었다. 그 두 학원의 위상은 넘사벽이었다. 그런데도 나는 학원을 개원했다. 학원을 개원한 이유는 두 가지였다.

하나는 고용노동부의 교육비 지원을 받아 기존 스터디를 진행할 때보다 수강생들의 교육비 부담을 줄여줄 수 있다는 점이었고, 또 하나는 내가 경험한 배움을 나누는 것이 좋다는 이유였다.

대부분 보험청구 업무는 병원 선배에게 배워서 끝내는 경우가 많았다. 그래서 체계적인 시스템보다는 선배의 노하우와

개인 스타일이 더해져서 업무의 기준이 애매모호한 경우가 많았다. 나도 간호사 시절, 보험청구 학원을 다녀보았지만 대부분이 주입식 교육이었다. 왜 그렇게 공부해야 하는지 항상 궁금했다.

좋은 강의란 많은 내용을 전달하는 것이 아니라, 수강생들의 수준에 맞추는 것이라고 생각한다. 솔직히 말하면 당시 내 경력은 강의를 할 만큼의 수준이 아니었다. 다만 수강생들을 이해시키기 위해 자료를 만들고, 쉬는 시간에 개인별 궁금증을 해결해 주는 것을 잘했을 뿐이다. 엉뚱한 질문을 하더라도 그 질문의 요지를 찾아냈다. 어떤 생뚱맞은 질문이라도 '맞다', '틀리다'로 논쟁하지 않았다. 나는 그렇게 보험청구 강의의 고수가 되어갔다.

보험심사간호사로 직장생활 할 때 한 학원에서 강사 면접을 보게 된 일이 있었다. 면접에서는 모의 강의를 진행했다. 강의 경험은 없었지만, 말을 더듬거나 긴장하지 않고 나름대로 모의 강의를 잘 진행했다. 하지만 합격하지 못했다. 나이가 너무 어리다는 이유였다. 가끔, 그때 만약 그 학원에서 나를 강사로 채용했었다면, '그 학원의 매출이 확실히 올랐을 텐데'라고 생각하며 실소를 터트리곤 한다.

현재는 기존 두 학원 중에 한 곳만 살아남았다. 게다가 하나 남은 학원마저 오프라인으로만 운영하는 걸로 안다. 하지만 나는 발 빠르게 오프라인 학원 사업에서 보험청구 온라인 강의로 전환해 꾸준한 성장을 이끌어낼 수 있었다. 코로나 전에만 해도, 업계 사람들의 상식으로는 보험청구가 온라인 교육만으로는 안 된다고 생각했지만, 프로그램 회사와 연계해 본인의 컴퓨터에 병원 프로그램을 다운받아 동영상을 보며 연습할 수 있는 시스템으로 변경했다. 덕분에 회사는 코로나 때 큰 어려움 없이 지나갈 수 있었다.

온라인 강의의 성공

학원을 열었던 초기에는 방문간호센터에서처럼 모든 강의를 직접 했다. 평일 저녁 4시간, 주말은 8시간씩 수업을 진행했다. 시간이 지나면서 교재는 점점 더 양적으로도, 질적으로도 충실해졌다. 초기에는 수강생 모집이 어려워 개강이 쉽지 않앗지만, 수강생들의 입소문과 새로운 지역에서의 수요 덕분에 차츰 개강할 수 있었다. 그러나 수강생 모집에는 한계가 있었다. 보험청구는 중소병원에서 고작 한두 명이 필요하고, 수강 기간이 3개월이다 보니 직장을 다니며 도전하기에는 다소 어려움이 있었다.

특히 주말반의 경우, 평일에 시간이 부족한 사람이나 지방에서 올라오는 인원이 많았다. 주말반 수강생들은 열정적으로 시작했지만, 평일 업무의 피로와 긴 수업 시간 때문에 힘들어했고, 중도에 포기하는 사람도 생겨났다. 그런 상황에서는 수강생뿐 아니라 강사도 지치기 마련이었다. 그래서 나는 결국 온라인 강의를 도입하기로 결심했다.

주변에서는 온라인 강의 사업에 대해 회의적이었다. 하지만 나는 가장 효율적인 공부 방법은 본인의 의지에 달려있다고 생각했다. '시원스쿨'이라는 영어 온라인 강의 회사가 학원에서 동영상 촬영한 것을 그대로 올려 대박을 터트린 사례를 보고 나 역시 동영상 강의를 시도했다. 이미 교재가 탄탄했기 때문에 온라인 강의 촬영 자체는 어렵지 않았다. 다만 기술적인 테

크닉이 부족해 촬영 과정에서 어려움이 있었다.

일반 마이크를 사용하면서 소음을 줄이기 위해 한여름에도 에어컨을 켤 수 없다보니, 발바닥에 얼음을 밟고 땀을 흘리며 촬영했다. 그럼에도 불구하고, 결과는 예상치 못한 대박이었다. 화려한 영상은 아니었지만, 내가 가진 모든 노하우를 담은 콘텐츠였다.

병원 컨설팅 사업으로의 확장

이후, 나는 '위너 온라인 아카데미'라는 법인 회사를 설립하고 다양한 과정을 추가로 개발했다. 회사 운영으로 바빠졌지만, 오프라인 학원 수업도 계속 이어갔다. 수업 첫 시간과 마지막 시간에는 반드시 참석하려 노력했으며, 학원에서는 언제나 현역 강사로 남아 펑크가 날 경우 대체할 수 있도록 준비했다. 어느 날, 한 수강생이 수업 중 쉬는 시간에 다가와 질문을 던졌다.

"병원을 운영하면서 공부하기가 쉽지 않네요."

수업을 들어보니 본인이 배워서 해결될 문제가 아닌 것 같다고 말했다. 수원에서 병원을 운영하는데, 병원이 잘 운영되고 있는지 봐줄 수 있겠느냐며 컨설팅을 요청했다. 나는 병원 컨설팅을 해 본 적은 없다고 솔직히 말했지만, 병원 운영에 필요한 사항들을 알고 있으니 정확히 원하는 부분을 알려주면 도와줄 수 있는 방법을 찾겠다고 답했다.

그렇게 시작된 첫 번째 병원 컨설팅은 매우 성공적이었다. 기존에 알고 있던 정보와 학원의 경험 많은 강사들의 도움을 총동원해 최초의 보고서를 작성했다. 병원에서는 매우 만족했고, 이 첫 컨설팅이 우리 회사가 본격적으로 병원 경영 컨설팅을 시작하게 된 계기가 되었다.

수많은 전환점 속에서 나는 사업의 방향을 끊임없이 수정하고 보완했다. 그 결과, 성장과 확장의 두 마리 토끼를 모두 잡을 수 있었다. 온라인 강의와 병원 경영 컨설팅이라는 새로운 분야를 개척하며 다양한 문제를 해결하는 능력을 키웠고, 고객의 니즈를 정확히 파악하는 데도 큰 도움을 받았다. 이 경험은 지금까지 사업을 이끌어 나가는 중요한 발판이 되었다.

"'실패'라는 단어 대신 '수업료' 라는 표현을 쓴다."

결국 성공하는 건 나만의 시스템이다

왜 은행들은 교육에 그토록 진심일까? 사상 최대 이익을 내는 국내 시중은행들이 십수 년째 공들이는 사회 공헌 분야 중 하나가 바로 교육이다. 그중에서도 KB국민은행은 '세상을 바꾸는 금융'이라는 모토 아래 교육을 통한 변화를 꿈꾼다. 17년간 교육사업에 전력을 기울이는 이유도 바로 교육이 세상을 바꾸는 데 가장 효율적인 방법 중 하나이기 때문이다.

KB국민은행은 'KB라스쿨(La School)'이라는 이름의 학교를 운영하며, 2030년까지 청소년 누적 수혜자 30만 명을 달성하는 것을 목표로 하고 있다. 이들은 교육격차 해소라는 좁은 목적을 넘어 미래 인재 양성이라는 더 큰 그림을 그리고 있는 것이다.

병원도 마찬가지다. 기본 소양 교육부터 전문 지식, 법정, 의무 교육까지, 병원 근로자들에게 요구되는 교육은 점차 늘어가고 있다. 문제는 병원의 특성상 모든 직원을 한자리에 모아 교육하는 것이 불가능하다는 것이다. 24시간 운영되는 입원실을 고려하면, 교육을 한 번에 진행하기가 어려운 상황이다. 더구나 병원 근로자들이 받아야 할 법정 및 의무 교육을 합치면 그 수가 서른 가지가 넘는다. 이런 현실 속에서 온라인 교육은 필수가 되어버렸다.

사업의 규모를 키우다

오프라인 학원 수업에는 분명한 한계가 있었다. 가능한 모든 병원 종사자들에게 내 교육을 제공하고 싶었지만, 장소와 시간의 제약으로 인해 이는 역부족이었다. 그래서 처음에는 여러 지역에 학원을 개원해보았지만, 이것 역시 해결책이 되지 못했다. 직원들이 시간과 장소에 구애받지 않고 온라인으로 교육을 받을 수 있도록 하되, 오프라인 교육 못지않은 질을 유지할 수 있는 교육 시스템이 필요했다.

우선 오프라인 수업을 동영상으로 촬영하는 작업을 시작했다. 그러나 단순히 비디오를 찍는 것만으로는 부족했다. 한 개의 콘텐츠를 만들기 위해서는 기획과 대본 작성, 촬영 기법까지 철저한 준비가 필요했다. 처음에는 외부 업체에 의뢰했고, 많은 부분에서 그들의 도움을 받았다. 콘텐츠 일부는 직업 능력 평가원의 심사를 받아야만 운영할 수 있었는데, 한정된 심사 기간 때문에 콘텐츠 개발이 서두르게 되었고, 그 과정에서 단순 오류들이 발생해 승인 절차가 지연되기도 했다.

결국 기획, 촬영, 편집까지 모두 우리 스스로 해결해야 한다는 결론에 이르렀다. 초창기에는 직원이 적어서 두 명이 모든 일을 담당하다 보니 업무 만족도가 낮아 퇴사가 발생하기도 했다. 사업의 규모를 키워야겠다고 결심한 이유 중 하나는, 직원들이 업무에 집중할 수 있는 환경을 만들어주기 위해서였다. 인력이 부족한 상황에서 각자의 업무에만 전념하기란 어려웠다. 10명 이상의 직원이 확보되었을 때 사무 보조 인력을 채용했고, 덕분에 콘텐츠 개발도 훨씬 수월해졌다. 그렇게 개발한 과정의 수가 점차 늘어났고, 시스템도 안정적으로 운영되기 시작했다.

시스템을 통한 수익 구조 구축

동영상 촬영을 처음 접한 것은 방문간호센터 사업을 할 때였다. 온라인 교육을 운영하는 한 회사에서 보험청구과정을 동영상으로 제작해보자는 제안을 받았다. 생소한 제안이었지만, 새로운 도전이 즐거웠던 나는 흔쾌히 수락했다. 촬영 계약의 조건은 두 가지 중 하나를 선택할 수 있었다. 하나는 한 차시마다 정해진 금액을 받는 방식, 또 하나는 판매된 만큼 수익의 일부를 매달 받는 방식이었다.

나는 후자를 선택했다. 매년 개정되는 내용을 반영해 영상만 잘 유지한다면, 몇 년간 매월 안정적인 수입을 올릴 수 있는 시스템을 만들 수 있을 것이라 생각했기 때문이다. 촬영 방식은 노트북에 녹화 프로그램을 설치하고 키보드로 직접 조작하며 영상을 찍는 단순한 형태였다.

아무래도 오프라인으로 하는 수업과는 다르게 시선을 어디에 둘지, 혹시 쓰면 안 되는 단어를 쓰는 건 아닌지 생각하다 보면 설명 부분을 잊고 넘어가기도 했다. 노트북 화면 옆 보이지 않는 곳에 꼭 말해줘야 하는 내용을 포스트잇으로 붙이거나, 시선이 갑자기 어색해질 때는 "교재를 보실까요"라고 말하며 고개를 숙였다.

하지만 여러 번 반복되는 실수는 더 좋은 방법을 찾아내게 했다. 그렇게 시간이 갈수록 말도 눈빛도 오프라인 강의만큼 자연스러워졌다. 방문간호센터에서 보험청구 과정을 수강생들과 스터디할 때도 더 많은 것을 나누기 위해 많은 공부를 했지만, 영상으로 촬영이 되면 더 많은 사람이 들을 수 있다는 생각이 나의 열정을 더욱 끌어냈다.

시스템과 변화의 필요성

나의 역할은 동영상을 잘 촬영하면 되는 것이었지만 당시 운영자의 역할까지도 내가 자처하며 촬영을 하고, 불거지는 여러 문제까지 해결하려 나섰다. 영상 촬영을 의뢰한 회사에서는 우리 집 방 안의 빈 벽을 뒷배경으로 찍으라고 했지만 아무래도 집안 느낌은 전문적인 느낌이 덜 한다는 판단이 들었다.

문방구에서 흰색 보드를 사 한쪽 벽에 넓게 붙이고, 배경을 깨끗하게 만들어 영상의 퀄리티를 높였다.

또한 외부 소음에 대해서도 회사에서는 자체적으로 편집하겠다며 크게 신경 쓰지 않았지만, 테스트해 본 결과 PC에서는 소음이 크게 들리지 않았지만 이어폰에서는 크게 느껴졌다. 결혼 후 아이들과 아파트에 살고 있었던 나는, 소음을 해결하기 위해 촬영 시간을 새벽으로 잡았다. 그때는 유치원생 아이들이 깊이 잠들 시간이었고, 주변 소음도 확실히 덜한 시간대였다.

새벽 3시에 일어나 화장을 하고 옷을 갈아입고 촬영 준비를 마친 후, 아침 해가 뜰 때까지 매일 세 시간가량 촬영했다. 세 시간 이상 촬영하고 싶어도, 6시가 되면 윗집의 발소리와 물소리에 더 이상 진행할 수 없었다.

그때를 돌아보면, '오늘은 윗집 사람들이 좀 늦게 일어났으면' 하는 게 가장 큰 바람이었다. 어느 날은 아이가 일찍 일어나 촬영 도중 문을 열고 "엄마 응아 마려워"라고 하는 소리까지 고스란히 영상에 담겨 전달된 적도 있었던 웃지 못할, 하지만 내겐 꼭 필요한 좋은 경험이었다.

영상 촬영이 끝나고 얼마 후에 계약을 진행했던 부장님이 찾아왔다. 기존 계약에서 다른 선택지였던 '한 차시마다 정해진 금액으로 촬영한 차시만큼 받으면 되는' 계약 조건으로 변경하자는 부탁이었다.

나는 내 강의 노하우에 대해 자신 있었다. 게다가 보험 청구 강의는 시장에 없는 콘텐츠로 충분히 희소성이 있었다. 바보가 아니라면 동영상이 잘 팔리고 있다는 걸 모를 리가 없었다. 하지만 아쉬움을 뒤로하고, 나는 그 조건을 받아들였다. 이런 상황은 나만의 시스템이 없었기에 결정권이 없는 것이나 다름없었다.

또한 계약 기간이 끝난 이후에는 다른 강사가 이 영상을 제작할 수도 있었다. 나는 이런저런 욕심을 버리고, 당시 한계를 인정했다. 더군다나 기회를 준 회사 부장님이 계약 조건으로 곤란해지는 것도 원하지 않았다. 나는 "나중에 제가 부탁드릴 일이 있을 때 들어주세요."라는 말을 남기고 조건을 변경해 주었다. 나는 그 돈으로 처음으로 우리 가족을 위한 싼타페 차를 샀다. 그리고 이후 회사를 창업하여 처음으로 온라인 강의 영상을 만들 때, LMS(학습 관리 시스템)를 구축할 때도 약속대로 그 부장님의 도움을 많이 받았다.

실패는 없다, 수업료만 있을 뿐

LMS 구축은 나에게 큰 도전이었다. 처음에는 외부 업체에 의뢰해 월 유지보수 계약을 했지만, 어느 날 갑자기 업체 측에서 인력 부족을 이유로 더 이상 유지보수가 어렵다는 통보를 받았다. 계약서에는 유지보수 내용이 있었지만, 정확한 기간이 명시되어 있지 않아 실랑이를 벌일 여유도 없었다. 결국 외부 전산 전문가들을 통해 문제를 해결하려 했지만, 근본적인 문제를 해결하지 못한 채 눈앞의 문제들만 해결해 나가야 했다.

결국 큰 문제가 발생했다. 시스템 오류로 수료증이 보이지 않거나, 퀴즈를 풀다 전산이 멈추는 일이 반복되었다. 고객들의 항의가 빗발치며 나는 매일 사과해야만 했다. 문제를 해결하는 데 쏟아부은 비용은 수억 원에 달했다.

그때 나는 결심했다. 더는 외부에 의존할 수 없다는 판단이었다. 직접 소프트웨어를 개발하기로 했다. 지금은 체계적으로 구축된 시스템을 보면서, 그 안에 쏟아부은 노력과 비용은 돈으로 환산할 수 없다는 생각이 든다.

그 결과, 온라인 강의 사업은 날로 성장했고, 오프라인 강의 100번을 뛰어넘는 수익을 내며 회사는 급성장할 수 있었다.

나는 '실패'라는 단어 대신 '수업료'라는 표현을 쓴다. 시스템을 구축하는 과정에서 무에서 유를 창조했으며, 그 결과 우리는 업계에서 우수 기관으로 자리 잡을 수 있었다. 외부에 의지하지 않고 숱한 수업료를 지불하며 나만의 시스템을 구축한 결과, 이 모든 성공은 예정된 일이었다.

돈을 만드는 '방법'

방문간호센터를 운영하면서 노후 준비가 되지 않은 어르신들을 종종 보았다. 돈 없이 맞이하는 노후가 얼마나 비참한지를 곁에서 지켜본 것이다. 어떤 사람들은 그저 낙관적으로 "나중에 어떻게 되겠지"라고 말하지만, 나는 이 사업을 진행하며 자연스럽게 '어떻게 살아갈 것인가'를 신중하게 고민하게 되었다.

어르신들과 이야기를 나눠보면, 왕년에 잘나가던 시절을 회상하며 집이 두 채 이상 있었던 적도 있었고, 자식들이 대학을 나와 좋은 직장을 다닌다고 자랑하곤 한다. 그러나 현실은 그렇지 않다며 한숨 섞인 푸념을 털어놓는다. 무리한 투자나 사업 확장, 계획 없는 소비, 혹은 돈이 계속 벌릴 줄 알고 알뜰히 모으지 않았다는 것이다.

또 하나의 실수는 모든 노후 자금을 자식들에게 투자한 것
이다. 어르신의 인생과 전 재산을 자식에게 쏟아부었다 하더라
도, 자녀가 노후 대책이 될 수는 없다. 자녀마다 차이는 있겠지
만, 대기업에 다니고 밥벌이가 괜찮다고 해서 부모를 더 잘 돌
보는 것은 절대 아니다.

엄마에게 배운 사업의 지혜

나는 운이 좋게도 어르신들의 실패담을 들으며, 노후 준비
는 오로지 나 자신에게만 의지해야 한다는 생각을 일찍이 하게
되었다. 직장생활을 하면서 매월 적은 금액이라도 사업 자금을
모았던 이유 역시 언젠가는 사업을 해야겠다는 생각이 있었기
때문이다.

언제부터 사업을 하고 싶었는지 돌아보면, 아마도 엄마를
보며 자연스럽게 꿈을 키운 것 같다. 어릴 적, 엄마는 읍내에서
버스를 타고 들어가야 하는 시골 마을에서 사과 과수원을 운
영하셨다. 엄마는 사과 출하 후 남은 파치조차도 그냥 버리지
않으셨다. 그 무거운 사과를 고무대야에 이고 시장으로 나가

팔았다. 파치는 흠이 많아 거저 주는 것이나 다름없었지만, 엄마는 작은 돈이라도 악착같이 모으셨다.

엄마는 생활력이 강한, 억척스러운 여자였다. 내가 초등학교에 들어갈 즈음, 엄마는 기차역 바로 옆에 작은 슈퍼마켓을 차렸다. 시작은 슈퍼였지만, 엄마는 점점 판매 목록을 늘리며 순두부나 감자 부침개와 같은 음식들도 팔았다. 중국집이나 한식집은 있었지만, 간단한 간식을 먹을 수 있는 가게가 없는 것을 노린 것이다.

지금처럼 택배 시스템이 없던 당시에는 화물 열차가 들어오면 손수레로 짐을 실어 나르는 아저씨들이 있었다. 새벽에 열차가 들어오는 시간에는 배달 아저씨들이 허기를 채우기 위해 일찍 문을 연 가게가 없었다. 장사 수완이 있던 엄마는 그 시간에 맞춰 아침 일찍 가게를 열고 따끈한 순두부를 팔았다. 또한, 기차를 기다리는 사람들을 위해 여름에는 강원도에서 흔한 감자를 이용한 감자 부침개를, 겨울에는 어묵을 팔았다. 물론 감자를 강판에 갈고, 어묵에 꼬챙이를 꽂는 일은 나도 자주 해야 했던 일이다. 엄마에게도, 어린 나에게도 그 일이 쉽지만은 않았지만 우리는 열심히 장사했다.

지금 돌아보면, 엄마는 항상 '방법'을 생각하는 사람이었다. 감자를 더 빨리 갈기 위해 스테인리스 쟁반에 못으로 구멍을 뚫어, 주변을 날카롭게 만들어 감자를 갈게 했다. 나도 몇 번 피를 본 적이 있다. 그런 엄마를 보고 자라서 그런지, 나도 문제가 생기면 해결 방법을 먼저 찾게 된다.

어머니가 운영하시던 작은 슈퍼마켓에는 꽤 많은 손님이 드나들었지만, 외벌이셨던 어머니의 수입으로 할머니와 아버지, 세 남매를 뒷바라지하기엔 늘 돈이 부족했다. 갖고 싶은 것이 있어도 돈이 없어 현실에 부딪힐 때마다, 나는 어린 나이였음에도 '내가 돈을 벌면 되지'라고 생각하며 돈을 벌 수 있는 '방법'을 찾았다. 부모님의 흰머리를 뽑거나 다리를 주물러 받는 돈은 그저 애교값이었다.

기차역의 특성상, 기차를 기다리며 마시는 음료수의 캔들이 쓰레기통에 많이 버려졌다. 나는 그 캔을 주워서 팔기로 결심했다. 혹여 친구를 만나 창피를 당할까 봐 기차가 떠나면 큰 봉지 하나와 긴 쇠집게를 들고 기차역 주변 쓰레기통에서 깡

통을 주워 담았다. 그 당시 알루미늄 캔의 가격은 꽤 높았다. 가져온 캔은 발로 밟아 자루에 모아두면 엄마가 고물상에 팔아주셨다. 일주일에 만 원 정도를 벌었으니, 그 시절에 매우 큰 돈이었다. 엄마는 그 돈을 모두 나에게 주셨고, 나는 친구들과 쓰거나 오빠를 따라다니며 오락실에서 꽤 탕진하기도 했다. 하지만 엄마는 그 돈을 어떻게 쓰는지 관여하지 않으셨다.

경제적 기회를 만드는 능력

엄마의 장사를 통해 한 가지 더 배운 것이 있었다. 수입은 매번 동일할 수 없다는 것이다. 엄마가 계절별로 부침개와 어묵을 팔았던 것처럼, 여름에는 음료를 많이 마셔 캔이 많았지만, 겨울에는 따뜻한 음료가 주를 이루어 알루미늄 캔이 많이 나오지 않았다. 덕분에 나는 계절을 타지 않는 사업 아이템을 찾는 것이 중요하다는 것도 이른 나이에 알게 되었다.

엄마는 돈에 관해서는 내가 스스로 벌고, 내가 알아서 쓰는 것이라고 가르쳐주셨다. 직장생활을 하면서도 스스로 결혼 자금을 마련했다. 결혼할 때조차 부모님께 10원도 도움을 청하지 않고, 부모님 옷까지 해드리며 모든 준비를 마쳤다. 주변 친구들 중 결혼할 때 부모님에게 아무런 도움을 받지 않은 사람은 드물었다.

어린 시절, 부모님은 농사에 바쁘시고 오빠들은 학교에 다니다 보니 나를 돌볼 사람이 없었다. 어쩔 수 없이 5살부터 읍내 유치원을 다녔다. 유치원을 3년이나 다니다 보니 어른들 눈에는 꽤 영특해 보였던 것 같다. 우리 집 과수원은 읍내에서 한참 들어간 곳에 있어, 하루에 세 번 오가는 버스를 타고 다녔는데, 다섯 살이었던 나는 버스 기사 아저씨, 승객들과 이런저런 이야기를 나누곤 했다. 어린 나이에도 그때부터 사람들이 부지런히 살아가는 모습을 자연스럽게 배웠던 것 같다.

내 열정은 무언가를 해야만 충족되었다. 대학 시절에도 다양한 경험을 하고 싶어서 늘 새로운 것에 도전했다. 그런 도전들은 나에게 자극을 주었고, 상황에 대처하는 힘을 키워주었다.

이처럼 다양한 경험을 통해 스스로 돈을 벌고 관리하는 '방법'을 익히면서, 나는 경제적 기회를 만들어낼 수 있는 능력을 키웠다. 이 능력은 내 삶에 큰 자산이 되었다. 끊임없이 도전하고 문제를 해결하는 방법을 찾는 자세는 불확실한 미래를 대비할 수 있는 힘을 주었다. 직장생활을 하면서도 매월 적은 금액이라도 저축하며 사업자금을 모아온 것 역시 불확실한 미래에 대한 불안감을 해소하기 위한 준비 과정이었다.

어머니의 장사를 도우며 배운 것들은 단순히 돈을 버는 기술뿐만 아니라, 상황에 맞춰 유연하게 대처하는 방법이었다. 엄마는 계절마다 다른 아이템을 팔며 수입의 변동성을 줄였고, 이러한 경험은 나에게 사업의 기본 원칙을 깨닫게 해주었다. 엄마의 억척스러운 모습은 나에게 큰 영감을 주었고, 언제나 해결책을 찾는 자세를 갖게 했다.

대학 시절 다양한 아르바이트와 사업 경험들은 단순히 용돈을 벌기 위한 수단이 아니었다. 그것들은 돈을 벌 수 있다는 자신감을 키워주는 중요한 과정이었다. 나는 그 과정을 통해 어떤 환경에서도 스스로 기회를 만들 수 있다는 믿음을 갖게 되었다.

나는 여전히 스스로 기회를 만드는 힘을 믿고, 적극적으로 활용하며 살아가고 있다. 경제적 안정성을 추구하면서도, 새로운 도전을 두려워하지 않는다. 결국, 돈은 자신이 원하고 노력하는 만큼 벌 수 있는 방법을 찾아낼 수 있다는 자신감이 중요하다.

스스로 기회를 만들고, 그것을 현실로 바꾸는 능력은 누구나 가지고 있다. 이러한 자신감과 능력이야말로 우리의 삶을 경제적 안정으로 이끌 뿐만 아니라, 삶의 모든 영역에서 성공을 이루는 원동력이 된다는 것을 나는 확신한다.

3장

사업의
방정식

그리고 마침내, 서울 서초동에 우리 회사 소유의 사옥을 마련하게 되었다. 당시 월세살이의 서러움을 극복하기 위해, A4 용지에 적었던 '사옥을 구입한다'라는 꿈이 드디어 현실로 이루어진 것이다.

"하기 싫은 일을 해야, 하고 싶은 일을 할 수 있다."

하고 싶은 말보다 해야 할 말을 잘하는 사업가

요즘, 사람들과 이야기를 나누다 보면 "김 대표는 MBTI가 뭡니까?"라는 질문을 종종 받는다. 그럴 때는 상대방이 선호하지 않는 성향일까 봐 잠시 망설이게 된다. 예전에 B형 여자를 싫어하던 사람들처럼 말이다.

심리학자 애덤 그랜트는 MBTI가 지금처럼 인기를 얻기 훨씬 전인 2013년에, 외향적인 성격이 영업을 더 잘한다는 것은 아니라는 내용의 연구 논문을 발표했다. 내향적인 영업사원의 실적이 외향적인 사람보다 오히려 약간 더 좋았다는 결과를 통해, 활발한 성격이 영업 실적을 무조건 가져오지는 않는다는 것을 보여주었다.

현대 조직 사회에서 내향적인 사람은 적극적이지 않다는

오해를 받을 수 있다. 최한나 HBR Korea 편집장은 <동아일보> 칼럼에서 내향적인 직원과 외향적인 직원이 회사에서 역할을 다르게 표현하는 모습을 다음과 같이 설명했다.

예를 들어, 상사가 새로운 프로젝트를 주도적으로 맡아달라고 요청했을 때, 외향적인 직원은 흥미롭고 재미있을 것 같다고 감정을 표현하지만, 내향적인 직원은 "네, 알겠습니다"라고 간단히 답하는 경우가 많다고 했다. 이처럼 외향적인 직원이 더 적극적이고 열정적으로 보일 가능성이 높다는 것이다.

그러나 정작 프로젝트를 시작했을 때 내향적인 사람이 더욱 적극적으로 업무에 집중하는 경향을 보이는 경우가 많다. 나 또한 쉽게 감정이나 의견을 표현하는 성격이 아니다. 지금의 나를 보는 사람들은 "대표님은 정말 사업이 체질이시네요"라고 말하지만, 예전부터 알고 지낸 친구들은 "네가 사업을 하는 걸 보면 진짜 신기해! 그럴 성향이 아닌데"라며 의구심을 갖는다.

내 주변에는 내향적인 성향의 대표자들이 더 많다. 외향적이고 언변이 화려하다고 해서 사업을 잘하는 것은 아니다. 아무리 언변이 좋고 쾌활해 보여도, 결국 솔직하고 정직한 사람이 사업에서 승기를 잡는다.

사업의 본질은 솔직함과 신뢰

나는 많은 말을 통해서 상대방을 설득하려 하지 않는다. 특히 다른 업체와의 차별점을 논하며 계약을 성사시키려 하지 않는다. 그러다 보면 정작 중요한 핵심 없이 쓸데없는 말을 더 많이 하게 된다. 게다가 타 업체와 자칫 잘못 비교하다 보면 '우리 상품은 훌륭하고 다른 회사는 별로다'라고 비난하는 것처럼 들릴 수 있다.

그래서 나는 다른 회사의 이야기는 일절 하지 않는다. 우리 회사가 할 수 있는 범위를 정확하게 전달하고, 결정은 고객사의 몫으로 남겨둔다. 가끔은 우리 회사가 할 수 없는 영역까지 요구할 때가 있다.

그때는 고객사가 원하는 것을 정확히 짚고 가능 여부 또한 명확히 말한다. 상황에 따라서는 그 단호함이 고객의 요구를 거절하는 것처럼 느껴져 계약이 안 되는 경우도 있다. 그렇다고 내 영업의 기준이 바뀌지는 않았고, 지금도 여전히 그 신념을 유지하고 있다.

나는 계약 미팅이 있을 때마다 평균 90퍼센트 이상의 계약을 성사시킨다. 비결은 간단하다. 내가, 우리 회사가 할 수 있는 일만 정확하게 설명하는 것이다. 직원들도 마찬가지이다. 우리가 할 수 있는 일만 설명하라고 한다. 설사 계약이 안 된다고 하더라도 서로 원하는 바가 다르기 때문이라고 생각한다.

게다가 우리와 계약한 업체의 소개를 통해 계약하는 경우가 전체 계약의 절반을 넘는다. 그러니 영업의 특별한 기술이라고 말할 것도 없이 내가 할 수 있는 것만 정확히 말하면 된다. 대부분 미팅은 30분이면 끝난다. 여러 업체와 미팅 후 어느 회사를 선택할지는 고객사의 선택이다. 나는 그저 고객이 편하게 결정할 수 있는 정보만 제공하면 된다.

하숙집에서 배운 사업의 기본 원칙

중학생 때 우리 집은 슈퍼를 팔고, 그동안 모은 돈으로 터미널 근처 방 네 칸짜리 집으로 이사했다. 처음으로 넓은 집에서 내 방을 가질 수 있겠다는 기대도 잠시, 엄마는 집에서 단기 하숙을 시작하셨다. 지금으로는 상근 예비역에 속하는 '방위'로 군 복무를 대체하는 사람들을 대상으로 하는 단기 하숙이었다.

외아들이나 국가유공자의 아들인 경우, 병역 판정 신체검사 결과에 따라 출퇴근을 할 수 있었던 사람들에게 우리 집은 군부대 근처의 최적 조건이었다. 엄마는 단기 하숙 사업을 홍보하는 방법으로 터미널에 내리는 사람을 잘 선별해 우리 집에 데려오곤 하셨다. 엄마는 주말이 되면 나를 움직이기 위해 한 명을 데려올 때마다 5천 원의 상금을 걸었다.

나는 먼저 타 지역에서 오는 버스 시간을 적어두고 그 시간에 터미널로 갔다. 우리 집과 같이 하숙하는 다른 곳들도 있어 누가 먼저 눈치 빠르게 데려가느냐가 관건이었다. 집을 살펴보는 것도 아니고, 차에서 내린 사람들은 본인에게 말을 걸고 끌리는 곳으로 갔다.

젊은 남자 중 머리가 짧거나 유난히 두리번거리는 사람을 찾으면 확률이 가장 높았다. 그런 사람에게 다가가서 하숙하러 왔냐고 물으면 되는 것이다. 나는 중학생이었지만, 키가 작아 초등학생처럼 보여서 그랬는지, 사람들에게 다가가면 다른 어른들보다 경계심 없이 편하게 말을 받아주었다.

한바탕 주말 내 하숙생 영업이 끝나고 나면, 누구네 집이 제일 많은지가 관심사였고, 우리 집은 언제나 상위권이었다. 하숙집 중에서 제일 작은 집이었지만, 그 좁은 집에서 40명이 하숙을 했다. 엄마는 최선을 다해 반찬을 만들고 빨래도 해주며 정성을 다했다. 대형 밥솥은 기본이었고, 매 끼니 만들어야 할 반찬이 한 두가지가 아니었다. 그래서 늘 엄마의 반찬 만드는 데 보조 역할은 나였다.

그 덕에 하숙했던 사람들이 그 또래 친구들에게 소개해 주어 찾아오기도 했다. 그 친구들이 집을 어떻게 찾아가냐고 물으면 '여자아이'가 나와 있으면 따라가면 된다고 했을 정도였으니까 말이다.

사업의 본질: 진심과 열정

돌이켜보면, 내가 가장 많은 영향을 받은 사업가는 우리 엄마였다. 엄마는 많은 말을 하며 설득하는 대신, 정확하고 솔직하게 우리의 강점을 전달하는 방식을 선택했다. 돈을 추구하면 진심과 반비례하는 경우가 많지만, 나는 엄마를 통해 돈과 진심의 조화를 통해 사업을 하는 가장 합리적인 방식을 배웠다. 영업에 필요한 것은 큰 목소리나 화려한 언변이 아니라, 일에 대한 단호한 태도와 적당한 열정이다. 하고 싶은 말을 하느라, 해야 할 말을 놓치는 사업가는 절대 성공하지 못한다. 진심을 다해 사람을 대하면서도, 상황에 맞게 유연하게 대처하는 것이 얼마나 중요한지는 백 번을 강조해도 모자란다.

"어떤 문제든 A4 한 장이면 해결됐다."

사업 첫 3년, 사람을 버텨라

사업의 첫 3년은 누구에게나 열정적이고 도전적인 시기다. 이 시기에 이루는 초석이 평생 사업의 기반이 된다고 해도 과언이 아니다. 많은 사람을 만나 비즈니스 모델을 만들기 위해 노력하는 동안, 많은 '똥파리'들이 들끓기도 한다.

사업 초기에 회사를 찾아와 감언이설을 늘어놓는 사람 중에 제대로 된 사람이 거의 없다고 생각하면 된다. 아무 성과도 없는 초창기 사업자에게 이미 잘나가는 회사가 찾아올 확률은 지극히 낮기 때문이다.

사업 초기에는 주변의 정보도 부족하고 인맥도 적다. 그러다 보니 사기성이 짙은 사람들에게 호되게 당하는 경우를 종종 보게 된다. 이런 경험들이 새내기 사장들의 사기를 저하시키고, 시작도 해보기 전에 사업을 접게 만들기도 한다. 회사의 업력이 짧은 초기 3년 동안은 일거리도 적고, 그나마 들어오는 계약조차 성사되기 어렵다. 성과가 없는 회사는, 사회라는 허허벌판에 무방비로 내던져진 것이나 마찬가지다.

나 역시 그랬다. 초반에는 수익은커녕 매월 월세가 가장 큰 고민이었다. 더 이상의 바닥은 없을 것으로 생각했지만, 시간이 지날수록 더 깊은 바닥을 경험했다.

사람 때문에 겪은 큰 어려움

학원 월세가 밀릴 정도로 경제적으로 어려울 때, 카드 단말기 대여 영업을 한다는 남자가 찾아왔다. 그는 우리 회사 대신 병원 컨설팅 계약을 해오겠다고 제안했다. 다만 조금 이상했던 그가 제시한 조건이 하나 있었는데, 우리 회사의 상호인 '위너'를 사용하지 않고 본인 회사 상호로 병원과 계약을 하겠다는 것이었다.

결국 그의 제안은 계약을 따오면 우리가 그 일을 처리하라는 것이었다. 마치 그의 직원처럼 일하라는 황당한 요구였지만, 당시에는 거절할 수 없었다. 회사 사정이 어려웠고, 명예보다 당장 월세를 내는 게 더 급했기 때문이다.

지금 같으면 그런 무례한 제안을 하는 사람은 만나지도 않겠지만, 당시에는 그 제안을 거절하면 일을 하지 않겠다고 할까 봐 울며 겨자 먹기로 수용했다. 그들은 병원과 얼마에 계약했는지, 어떤 항목을 분석해 주기로 했는지 아무것도 알려주지 않았다.

어느 날 그는 한 병원과 계약을 체결했고, 나는 수주받은 계약에 대해 전 직장 동료들과 병원의 담당자에게 필요 사항을 물어가며 보고서를 만들어 나갔다. 전 직장 동료들에게 수익의 일부를 주기로 하고, 함께 서울과 대전을 다섯 번 이상 오가며 한 달 넘게 프로젝트를 진행했던 기억이 난다.

이후 프로젝트가 마무리되어 병원 관계자들 앞에서 PT를 진행했다. 나는 원장과 관계자들의 표정에서 만족도가 낮다는 것을 바로 알 수 있었다. 어쩌면 당연한 결과였다. 병원 관계자들이 무엇을 원하는지, 계약 내용에 대해 정확히 듣지 않은 채 프로젝트를 시작했고, 계약을 따낸 그가 병원에 어떤 서비스를 약속했는지도 알지 못한 상태에서 일을 진행했다.

병원에서는 계약 금액을 다 줄 수 없다며 브레이크를 걸었다. 영업과 계약을 진행했던 그는 그때부터 돌변하기 시작했다. 나는 보고서에 부족한 부분이 있다는 것을 인정했고 그에게 적당한 금액에서 합의점을 찾으라고 말했다. 그렇지만 그는 계약대로 모든 금액을 받겠다며 소송을 준비하자고 했다. 나는 소송을 원하지 않았고 처음 약속한 금액을 주지 않아도 된다고 설득했다. 그러나 돈을 포기할 수 없다는 그의 눈빛에서 점점 무서울 정도의 광기가 보였다.

제 뜻대로 되지 않자, 그는 소송은 절대 안 한다는 나를 협박하기에 이르렀다. 그는 끊임없이 전화를 걸어댔고, 내가 전화를 받지 않으면 학원이 문 닫을 때까지 기다리기도 했다. 주택가에 자리 잡은 학원 주변은 한적했다. 금방이라도 뛰어 들어와 해코지할까 두려웠다. 경찰에 신고할까도 생각했지만, 일을 더 크게 만드는 것 같아 망설여졌다.

병원에서 돈을 전혀 주지 않겠다는 것도 아니었고, 나 역시 금액을 조절해 적게 받는 것에 동의했는데, 당시에는 그가 왜 그렇게까지 돈에 집착했는지 이해할 수 없었다. 나중에 알게 된 사실이지만 그는 늦둥이 어린 딸이 있었고, 기존에 하던 사업이 크게 망하고 이혼하면서 딸을 혼자 키우고 있다고 들었다. 영업직을 하고 있지만 벌이가 넉넉하지 않아 아이의 예방접종 비용도 없어 경제적으로 어려움을 겪고 있다고 했다. 아이를 키우는 엄마로서 그의 절실함과 비참함을 조금은 이해할 수 있었다.

이런 일도 있고 저런 일도 있는 게 사업

그를 설득해줄 누군가가 필요하다고 생각했다. 마침 내가 알고 있던 한 병원의 원장님이 그를 아는 분이라, 그 원장님께 상황을 설명하고 설득을 부탁드렸다. 다행히 원장님의 도움 덕분에 그 이후로는 더 이상 나를 괴롭히지 않았다.

이후 전해들은 바로는, 그는 계약을 진행했던 병원과 합의해서 적정 금액을 받았다고 했다. 나는 내 몫을 달라고 하지 않았고, 그 역시 내 몫에 대한 언급 없이 연락을 하지 않았다. 돈을 못 받은 것에 대한 아쉬움보다, 못 받은 임금이 아깝지 않을 정도로 끝난 악연에 감사했다.

문제는 나와 함께 일한 전 직장 동료들의 인건비였다. 목동에 개원했던 학원이 망하고 마이너스 통장까지 다 쓴 상황에서 남산터널 통행료 2천 원이 없던 때였다. 약속한 금액을 다 줄 수 없는 상황을 설명하고 이해를 구해야 했다. 그러나 용기가 나지 않았다.

답답한 마음에 직장생활할 때 잘 따르던 당시 원무 부장님을 만났다. 부장님은 나보다 일찍 퇴사해서 개인 사업을 하고 있었다. 만나자마자 너무 힘들다며 두서없이 한참을 하소연했다. 그는 묵묵히 내 하소연을 듣고만 계셨다.

특별한 얘기도 없었고 대수롭지 않게 넘기는 느낌이 들어 좀 서운할 정도였다. 생각해보면 예전에 함께 일할 때도 그랬었다. 다른 부서와의 힘든 점을 흥분해서 얘기하면 그저 듣기만 하셨다. 그럼 내 마음이 스스로 정리되곤 했다.

매운 낙지볶음을 먹고 헤어지며 차에 오를 때 그는 멋쩍게 웃으며 '힘내!'라고 말하곤 차 문을 닫아주었다. 집으로 돌아오는 길에 사업을 하다 보면 별일이 다 있을 수 있는 일인데 내가 너무 심각했던 건 아닌지 돌아보았다. 그날 밤, 복잡했던 머릿속과는 다르게 오랜만에 깊은 잠을 청할 수 있었다.

끝까지 버티면 이긴다

아침에 일어나자 '하기 싫은 일을 해야 앞으로 내가 하고 싶은 일을 계속할 수 있다'라는 생각이 전기가 오듯 짜릿하게 온몸에 새겨졌다. 용기가 생겼다. 회사에 도착해 달콤한 밀크커피 한 잔을 마셨다. 할 수 있다는 용기가 생기니 사소한 밀크커피 한 잔도 나를 도와주는 것 같았다.

곧바로 임금을 주지 못한 전 직장 동료 두 분께 전화를 걸었다. "선생님, 저번에 일한 영업하시는 분과 문제가 생겨 제가 돈을 한 푼도 받지 못했어요"라고 말했다. 우려와는 달리, 내 말이 떨어지는 게 무섭게 "대전 왔다 갔다 하느라 경비도 많이 들었을 텐데 대표님은 괜찮으신가요?"라고 되물어 왔다. 괜한 자격지심에 돈도 못받고 계약도 날려버린 나를 비웃을 거라 생각한 자신이 부끄러웠다. 그렇게 나는 약속한 돈 만큼은 아니었지만, 학원 월세비용을 미루고 그 돈으로 임금을 지불했다.

그 후 한동안 사람을 만나지 못했다. 만나는 사람들이 다 사기꾼처럼 느껴져 의심도 많아졌다. 이후로도 이런 일이 없었냐고 묻는다면 당연히 아니라고 할 수 없다. 이 정도의 강도는 아니었지만 여러 번 '이번도 아니구나'를 반복하며 나와 생각이 맞고 일의 스타일이 맞는 사람을 찾는 과정을 거쳤다.

이제는 한 번 만난 사람과는 어떤 결정도 하지 않으며, 어떤 상황이 생겼을 때 주체적으로 해결해 나갈 수 있는지를 따진다. 그렇게 큰 사건과 사소한 몇 번의 경험을 거치며 더 이상 같은 실수를 반복하지 않게 되었다.

3년의 고비

사업을 하면서 다양한 사람들을 만나고, 그 과정에서 많은 어려움과 실망을 겪게 된다. 그러나 이 모든 경험을 통해 결국 나와 결이 맞는 사람을 찾아내고, 함께 성장할 파트너를 만나는 일이 무엇보다 중요하다는 것을 알게 된다.

사업 초기 3년의 고비는 나를 더 단단하게 다져주었고, 진정한 파트너와 함께할 때 비로소 더 큰 성장이 가능하다는 것을 깨달았다.

지금 이 글을 읽는 당신이 혹여 3년 차의 늪에 빠져 있다면, 꼭 용기를 내기 바란다. 그 시간을 지나면 당신과 결이 맞는 사람들과 함께 더 큰 성과를 이룰 날이 반드시 올 것이다.

간혹 용기가 필요할 때면, 나는 여전히 밀크커피 한 잔을 마시며 그 시절을 떠올린다. 3년 차의 그 시기를 견디며 다졌던 다짐을 되새기고, 내일을 위한 새 힘을 얻는다. 사업은 결국, 버틴 자가 이기는 법이다.

"숫자보다는 관계의 깊이가 더 중요하다."

내가 생각하는 최고의 영업이란

한때는 택시 운전사만큼 전국을 돌아다녔다. 전국 병원이 영업 대상이었고, 당시에는 대리점이 없어서 직접 발로 뛰어야 했다. 주 3일은 지역별로 병원을 묶어서 하루에 세 곳은 기본, 많게는 다섯 곳까지 다녔다. 약속 시간을 맞추다 보면 그 흔한 김밥 한 줄 먹기 어려울 정도였다.

장시간 운전으로 온몸에 통증이 생겼다. 운전에 익숙하지 않았던 때라 장거리 운전이 몸을 많이 긴장하게 했다. 낮에는 바빠서 아픈 줄 모르다가, 밤에 누우면 등이 쪼개지듯 아파서 새벽이 되어서야 겨우 잠들곤 했다. 틈틈이 물리치료도 받았지만, 반복되는 통증에는 큰 효과가 없었다. 주말에 짬을 내서 마사지를 받는 것이 유일한 대처 방법이었다.

큰 기대 없이 지친 몸을 이끌고 마사지숍을 방문한 어느 날, 50대 후반 정도 되는 마사지사는 나지막이 "어디가 가장 아프세요?"라고 내게 물었다. 나는 한숨을 쉬며 "등이요"라고 답했다. 마사지사는 잠시 조용히 내 등을 살피더니, 고개를 끄덕이며 말했다.

"그럴 것 같았어요."

그리고는 다시 내 몸을 어루만지며, 낮은 목소리로 덧붙였다.

"이 몸으로 어떻게 다녔어요?"

갑자기 눈물이 터져 나왔다. 힘들다고 눈물을 흘리면 결심한 것들이 무너질 것 같아 꾹꾹 눌러왔던 감정이, 마사지사 말한 마디에 터져버린 것이다.

마사지사는 나에게 휴지 한 장을 건네주며 어떤 질문도, 위로의 말도 더 이상 건네지 않았다. 단지 아무 걱정 말고 편안히 마사지를 해주겠다고 말하며 마사지를 시작했다. 그 순간 모든 것이 편안해졌다. 강한 척하려던 내 속마음이 다 들켜버리고 난 후의 편안함이었다. 그녀는 마사지를 받는 동안 내가 불편하지 않은지 계속 살펴주며 누구보다 정성스럽게 나를 돌봐주었다. 어느새 잠이 들었고, 일어날 때는 몸이 깃털처럼 가벼웠다.

숍에서 나와 집으로 가는 길, 나와 일면식도 없는 한 사람이 건넨 말 한마디에 큰 위로를 받았다는 것에 깊은 깨달음을 얻었다. 그녀의 일하는 방식은 현란한 기술이 아닌, '공감' 그 자체였다.

영업의 기본, 공감과 경청

공감 능력은 '나는 당신의 상황을 알고, 당신의 기분을 이해한다'고 말하는 것처럼 다른 사람의 상황이나 기분을 같이 느낄 수 있는 능력을 말한다. 때로는 뛰어난 언변보다 힘을 발휘할 때가 있다. 공감에는 진정성이 담겨 있어 언변만으로는 나타나지 않는 깊은 이해를 전달할 수 있다.

사업을 계획하는 사람들이 자문을 부탁할 때, 나는 가장 먼저 본인의 영업 능력에 대해 생각해 보았는지를 묻는다. 대부분은 사업 아이템이나 대표자의 마음가짐을 상의한다. 그러나 본인의 성향을 파악하고 일과의 직접 연관성을 생각해 본 경우는 드물다. 나 역시 처음에는 내가 영업에 적합한 사람인지 생각해 보지 않았다. 운이 좋게도 내 사업은 언변보다는 전문성과 진정성이 우선시되는 분야였다.

대부분 나를 찾아온 예비 사장들은 "저는 말발이 없어요"라고 말한다. 소위 영업을 잘 하면 말발이 좋아야 된다고 착각한다. 말발이 없다고 영업력이 떨어지는 것이 절대 아니다. 말발이 좋은 사람은 자신의 이야기를 하기에 바쁘다. 고객이 처음에는 들을 수 있겠지만, 결국 중요한 질문조차 까먹게 되는 경우를 수없이 봤다.

말을 잘하는 사람은 질문을 할지 모른다. 하지만 말을 잘하지 못하는 사람은 질문과 경청을 더 잘하려고 노력하게 된다. 내가 생각하는 최고의 영업이란, 고객이 말할 수 있도록 질문을 하고, 그들을 이해하려 노력하면 된다. '그렇죠', '당연하죠', '그럴 수 있겠네요' 같은 말로 진정성 있게 다가가는 것이 최고의 영업이다. 그리고, 이것이 바로 내가 말하는 진정한 '공감'이다.

소통의 진정한 의미

나는 공감 능력이 특별히 뛰어나다고 생각하지 않는다. 다만, 상대방의 입장에서 생각하며 진심으로 귀 기울이려 노력할 뿐이다. 계약에 앞서 상대의 어려움을 먼저 듣고, 그에 맞는 해결 방안을 제시하는 것이 내 방식이다.

업무적인 해결책이 필요할 때도 있지만, 사람과의 관계는 단순한 논리로 정의할 수 없는 법이다. 그래서 때로는 책 한 권을 선물로 보내며, 고마운 마음을 전하곤 한다.

한 번은 골프 관련 콘텐츠 개발을 의뢰하러 온 고객이 있었다. 내가 잘 아는 분야가 아니다 보니 소통에 어려움이 있었다. 급한 성격의 고객은 목소리가 빨라지고 톤이 높아졌다. 화내는 것 같은 분위기에 직원들의 표정도 좋지 않았다.

회의를 10분 쉬고 고객과 단둘이 마주 앉아 그의 이야기를 경청했다. 10분 정도 지나자 목소리가 낮아지고 느려졌다. 고객은 본인이 흥분했었다며 사과했다. 2차 미팅은 웃으며 마무리할 수 있었다. 후일담으로, 직원들은 내가 어떤 '말빨'로 요술을 부린 건 아닌가 생각했다고 할 정도였다.

책상 위에 다과로 배를 준비했는데, 어떤 고객이 그것을 '사과 같다'라고 한다고 가정해보자. 누가 봐도 배인데, 사과 같다고 하니 답답하게 느껴질 수도 있다. 하지만 그 고객이 진짜로 전하고 싶었던 건 '배의 맛이 사과처럼 새콤달콤하다'는 의미일지도 모른다.

이처럼, 말빨이 부족해서 생긴 오해는 결국 소통의 부재로 이어질 수 있다. 말을 잘하지 못한다고 해서 소통이 안 되는 건 아니다. 상대가 진정으로 무엇을 이야기하려고 하는지 신중하게 접근하고 귀 기울여야 한다.

나는 이 예시를 자주 들며 직원들에게 당부한다. 고객과 마찰이 생길 때는 우선 그들의 말을 잘 들어보라고 조언한다. 초기 사업자들은 종종 고객의 말을 성급히 판단하고 단정 짓기 쉽다. 그러나 조금만 더 귀 기울이고, 상대방의 입장에서 생각해보면 반드시 공감할 수 있다. 공감은 거창한 능력이 아니라, 상대의 입장에서 생각해보는 작은 노력에서 비롯되는 것이기 때문이다.

A4 용지의 마법

'축화 화분 사양합니다.'

나는 사무실 이전 안내를 할 때마다 문자에 이 문구를 첨부한다. 지금까지 이사만 일곱 번이다. 우스갯소리로 수강생보다 화분이 많았다.

수원 학원 본점이 예상보다 빠르게 자리를 잡고 투자까지받게 되어, 호기롭게 서울 목동에 학원 분점을 개원했다. 하지만 홍보가 제대로 되지 않았고, 시설 및 허가 문제까지 겹쳐 개강 한 번 못 해보고 문을 닫게 되었다. 경험 부족에서 비롯된나의 실수였다.

이미 돈은 마이너스 대출까지 써야 할 정도로 부족했다. 결국 수원 학원 본점과 목동 학원을 하나로 합치기로 결정하고,

사당 근처에 학원을 개원하기로 계획을 세웠다.

　학원 자리는 목이 좋아야 했고, 월세를 감당할 수 있어야 했다. 그렇게 찾은 건물은 사당역 4번 출구에서 조금 들어가 보이는 주택가였다. 간판을 보고 찾아와야 할 곳은 아니었기 때문에 큰 대로변에 있을 필요가 없었고, 무엇보다 월세와 관리비가 저렴했다. 게다가 서른 곳 정도의 사무실을 둘러본 끝에, 이 모든 조건을 충족하고 인테리어도 많이 필요 없는 곳은 여기 뿐이었다. 내 건물이 아닌 이상 인테리어에 최소한의 비용을 쓰는 것은 매우 중요했기 때문이었다.

버틸 수 있는 이유

　한 번 망해보니, 사업에는 수입이 없어도 6개월은 융통할 수 있는 돈이 필요하다는 걸 절실히 깨달았다. 다행히 인테리어가 거의 필요 없는 공간이었지만, 수강생들이 책을 보기에는 어두워 보여 전등만 추가로 달았다.

　사당은 경기도와 서울의 경계에 있어서인지, 목동에 비해 수강생 모집이 더 수월했지만, 생각보다 수익이 증가하진 않았다. 학원의 수익은 수강생 수에 따라 정확하게 나뉘고, 수강생이 늘어나면 그만큼 관리 비용도 함께 증가한다.

단순히 학원 운영만을 생각하면 오늘이라도 문을 닫는 게 나을지 모른다. 그런데 나는 어떤 미래를 보고 버텨왔을까. 직장을 다니는 누군가에게는 스펙에 도움이 되고, 이직을 준비하는 사람에게는 작은 희망이 되어줄 수 있다는 사실이 나에게는 큰 기쁨이었다.

당시 학원 사업을 유지하는 것 자체가 경제적으로 힘들었지만, 사람들의 성장을 돕는 일이 무엇보다도 보람찼다. 수강생들이 건넨 감사 인사는 마치 중독처럼 나를 붙잡아 사업을 계속하게 만들었다. '사업은 본인이 좋아하는 일을 해야 한다'는 말의 의미를 그때처럼 깊이 깨달은 적이 없었다. 포기하지 않겠다는 마음이, 이후 컨설팅과 온라인 사업으로 확장하는 원동력이 되었다.

건물주와의 갈등, 그리고 버티기의 기술

그렇게 겨우 버티고 있었는데 때 아닌 시집살이로 골머리를 잃었다. 건물주 할아버지의 얼굴에는 누가 봐도 '나 인색해' 라고 적혀 있었다. 이사하는 내내 학원 사무실을 왔다 갔다 하며 트집을 잡았다. 학원 운영시간을 모두 설명했는데도 불구하고, 왜 늦게까지 하냐며 아침마다 불평불만을 쏟아냈다.

밤 10시에 끝나는 수업이었지만, 때에 따라 수강생 질문으로 10분 정도 늦어질 수도 있는 상황을 이해해 주지 않았다. 심지어 강의실까지 찾아와 왜 아직도 끝내지 않느냐고 호통까지 쳐서, 나와 수강생 모두 서로 민망해하는 상황도 반복되었다.

다음날 양해를 구해도, 괜히 세 주었다는 듯 본인의 목소리만 높이며 안하무인으로 행동했다. 나도 점점 빈정이 상했다. 공짜로 있는 것도 아닌데 왜 이런 대우를 받아야 하나, 생각할수록 분이 차올랐다.

감정을 억누르다 보니 스트레스로 이어졌고, 내 사무실인데 출근이 싫어졌다. 전쟁터의 대치 상태나 다름없던 건물주 할아버지와 결국 크게 싸움이 벌어졌다. 그는 우리를 내보내기 위해 기회만 노리고 있었다. 월세가 밀릴 걸 예상하고 사전에 승낙까지 받아놓았지만, 그가 이를 빌미 삼아 수업이 시작되자마자 강의실에 들이닥쳐 소리를 질렀다.

수업하던 강사님이 무례한 행동을 제지했지만, 그는 '새파랗게 젊은 게'라며 수업을 중단시킬 정도로 난동을 부렸다. 그 때문에 '월세도 못 내는 학원'이라는 오해를 불러일으켰고, 자존감도 떨어졌다. 부동산에 다른 장소를 알아보다가, 건물주 할아버지의 진짜 속셈을 알게 되었다.

문제를 푸는 A4 용지의 마법

내가 있던 사무실은 연립 주택이었다. 맨 위층은 주인 세대인 할아버지가 사용하고 나머지 층을 사무실 임대로 사용하고 있었다. 문제는 1층 현관문에 자동 잠금장치가 있음에도, 할아버지가 바닥 수동 잠금장치를 고집한 것이다. 이 때문에 할아버지가 일어나고 잠자는 시간에 따라 모든 층의 사무실 출입이 제한되었다.

밤늦게 정문을 걸어 잠그는 게 귀찮다는 단순한 이유로, 우리 학원이 스스로 나가길 바라며 이런 행동을 계속했던 것이다. 내 차 앞에 이중주차를 하고 차를 빼주지 않는 등 어처구

니없는 행동도 반복했다. 지금 생각해봐도 매우 비상식적인 행동이었지만, 당시에는 학원을 유지해야 했기에 참을 수밖에 없었다.

어떤 문제가 생기면, 나는 객관적으로 판단하려고 노력한다. 큰 문제가 닥치거나 새롭게 선택해야 할 상황이 오면 A4 용지 위에 4등분으로 나눈 선을 긋는다. 네모 칸 안에는 장점, 단점, 현재, 미래에 끼칠 영향을 적어 내려간다.

지금까지 어떤 문제든 A4 한 장이면 해결됐다. 겉으로는 엄청난 고민처럼 보이지만, 생각이란 게 머릿속에서만 엉켜 복잡한 것일 뿐, 적어보면 대부분 간단해진다.

이 문제도 마찬가지였다. 상황의 핵심은 장소였고, 장소의 문제는 결국 그 할아버지였다. 할아버지를 '방문간호를 받는 고집 센 할아버지' 정도로 생각하며, 문제를 풀 방법을 찾았다. 이후에는 진심은 아니었지만, 과일도 사다 드리며 웃는 얼굴로 할아버지와 적당한 관계를 유지했다. 할아버지도 수강생 있을 때만큼은 문을 벌컥 열고 소리지르는 일이 줄었다.

그러고보면, 사장이란 수많은 문제를 한꺼번에 해결해야

하는, 참으로 만만치 않은 자리다.

A4 용지로 그려본 미래

그 후에도 세 번의 이사를 더 겪었다. 매번 용달차를 불러 직접 짐을 옮기곤 했지만, 현재 일하고 있는 강남 고층 빌딩으로 사무실을 확장 이전하면서 처음으로 포장이사를 맡겼었다. 그때 직원들이 하던 말이 아직도 생생하다. "대표님, 이사하는데 저희가 할 일이 없어요!"

그리고 마침내, 서울 서초동에 우리 회사 소유의 사옥을 마련하게 되었다. 당시 월세살이의 서러움을 극복하기 위해, A4 용지에 적었던 '사옥을 구입한다'라는 꿈이 드디어 현실로 이루어진 것이다.

오는 2025년 3월, 우리는 새 사옥으로 입주한다. 그때가 되면 문자에 '화분 많이 보내주세요.'라고 써서 보내려고 한다. 그동안 내 곁에서 함께 애써준 직원들이 마음껏 쉴 수 있는, 푸른 화분으로 가득한 휴게 공간을 꾸미는 모습을 상상하며 말이다.

여자가 사업을 한다는 것

오랜만에 학회에서 만난 한 남자 대표가 내게 인사를 건네며, "김 대표 요즘 더 젊어지고 예뻐졌네요."라고 말했다. 나는 기분 좋게 받아들였지만, 옆에 있던 다른 분이 "요즘 그런 말 잘못하면 큰일 납니다."라고 덧붙여서 서로 멋쩍게 웃으며 어색해진 경험이 있다.

성희롱이라는 개념이 사회적으로 확산되면서 말과 행동을 조심하게 되는 것은 매우 바람직한 일이다. 회사에서는 성희롱 예방 교육이 의무화되어 있고, 주변 사업가들도 여성 사업가에게 대하는 표현이 확연히 조심스러워졌음을 느낀다. 다만, 이보다 중요한 것은 사회적 시스템과 분위기 개선에만 기대기보다, 여성 사업가로서 나 자신을 어떻게 지키고 성장시킬 것인가이다.

여성 사업가로서 겪은 현실

20년 전만 해도 직장생활에서 성희롱이라는 개념은 존재하지 않았다. 술을 잘 마시지 못해도 억지로 잔을 들어야 했고, 분위기를 맞추느라 어쩔 수 없이 회식 자리에서 시간을 보내야 했다. 유쾌하지 않은 기억들이었지만, 그땐 그게 당연한 줄로만 알았다.

술자리가 길어질수록 여자를 비하하는 단어들이 등장했고, 평소에는 눈도 잘 마주치지 않던 그들이 회식 자리에서는 대담하게 지저분한 말을 내뱉었다. 그래서 나와 동료 간호사들은 회식 때 차라리 근무 중이길 바라거나, 1차에서 어떻게 자연스럽게 빠져나갈 수 있을지 고민하곤 했다.

방문간호센터 사업을 시작하면서 여러 사람을 만났다. 불특정 다수를 상대하다 보니 신원이 확실치 않은 사람들도 있었고, 처음에는 이런 부분이 상당히 어려웠다. 하지만 경험이 쌓이면서 여성으로서 나를 지키는 방법을 익혔고, 점차 편안하게 사업을 할 수 있게 되었다.

한 번은 환자 연계와 관련해 한 업체의 남성 팀장과 미팅을 하게 되었다. 그는 여자만 있는 우리 센터를 둘러보며, "여자끼리만 있으니 기가 너무 세다", "술 한잔하면서 사업 얘기를 해야겠다"는 터무니없는 말을 했다. 그때는 웃어넘겼지만, 20년이 지난 지금까지도 그 일은 매우 불쾌한 기억으로 남아 있다. 이 경험은 여성으로서 사업을 하며 사람을 어떻게 대해야 할지 깨닫는 계기가 되었다.

사업 초기, 스트레스를 푸는 방법 중 하나는 남편과 저녁을 먹으며 하루 동안 있었던 일을 수다로 풀어내는 것이었다. 대화를 나누며 일도 정리되고 스트레스도 줄어들었다. 그러나 그때 겪었던 모욕감은 남편에게조차 말하지 않았다. 나보다 남편이 더 화가 나고 불쾌해할 것이 뻔했기 때문이다.

며칠간은 왜 그 자리에서 불쾌하다는 말을 하지 못했을까 자책하며 창피하고 분한 마음을 되새겼다. 여자로서 사업을 하면서 이런 일들이 제대로 해소되지 않으면, 생각하는 것보다 훨씬 깊게 마음에 남는다.

여성 직원들과 나를 지키는 법

센터에는 20대 초반의 여성 사회복지사가 있었다. 나는 그녀가 나와 같은 불쾌한 경험을 겪지 않도록 해야 했다. 미팅 때는 불쾌한 장난이 나올 만한 분위기를 미리 차단하고, 일 외의 성희롱 발언이 나오면 단호하게 "불편하다"고 선을 그었다.

직장 생활에서 이미 오랜 관습으로 자리 잡은 분위기를 내가 다 바꿀 수는 없지만, 내 사업체는 내 공간이었다. 과거와는 달리 나를 지켜줄 사람이 없어도, 이제는 내가 나와 직원들을 지킬 수 있었다. 그런 성희롱적 발언을 듣고도 아무 말 없이 지나쳤다면, 직원들도 똑같이 참아야 했을 것이고, 내 센터가 그런 분위기로 변할 것을 생각하면 아찔했다.

처음부터 쉬운 일은 아니었다. 하지만 여자를 비하하는 행동이나 말에 대해서는 단호하게 대처했다. 불쾌한 말을 할 때는 끊어내고, 표정에서도 분명히 기분 나쁨을 드러냈다. 영업이 어려워지지 않겠냐고 걱정할 수도 있지만, 지나고 보니 그런 사람 중에 사업적으로 영향을 미친 사람은 단 한 명도 없었다.

저녁 시간을 지키는 것

사업을 하면서 저녁 식사나 술자리가 필수라는 관념은 아예 버렸다. 내가 사업을 시작한 가장 큰 이유는 아이들과의 시간을 더 가지기 위해서였다. 직장 생활을 하던 때에는 정시 퇴근을 해도 어린이집에는 우리 아이 둘만 남아 있었다.

엄마가 일찍 오지 않는다는 걸 알면서도 다른 엄마들이 올 때마다 '혹시 우리 엄마일까'하고 매번 뛰어나오는 아이들의 모습을 더 이상 보고 싶지 않았다. 그래서 시작한 사업이었다. 그렇기에, 저녁 식사 미팅이나 2차까지 이어지는 회식은 내겐 있을 수 없는 일이었다.

지금도 업무와 관련된 저녁 자리는 피한다. 물론 우리 직원들도 원하지 않는 저녁 술자리를 갖지 않는다. 저녁을 거절하는 게 실례라고 생각해 억지로 나가거나, 편한 자리라며 술을 마시다 보면 상대가 실수할 때도 있다. 이런 자리에서 생긴 실수는 결국 서로 민망한 상황을 만들고, 관계를 끊어내게 된다.

'왜 사업을 시작했는가?'라는 초심을 잃지 않으면, 나와 결이 맞고 일에 진심인 사람들만 남는다. 여전히 사업을 위해 저녁 자리, 골프, 술자리가 필수라고 생각하는 사람들이 있지만, 특히 여성 사업가들은 그 필요성에 대해 회의적인 경우가 많다.

사업의 성패는 꼼꼼함과 신뢰

나는 간호사였다. 그래서 개인적으로 간호사 출신 여성 사업가들은 성공 가능성이 높다고 생각한다. 간호사 업무는 사람의 생명과 직결되어 있어 업무가 매우 신중하고 세심해야 한다. 나 역시 어떤 일이든 세 번 이상 확인하는 습관이 지금까지 남아 있어, 사업에도 크게 도움이 되었다.

요즘 사업의 성패는 과거처럼 저녁 식사나 술자리로 결정되지 않는다. 더 중요한 것은 꼼꼼하고 실수 없이 고객이 원하는 것을 제공하는 것이다. 고객은 시간이 걸리더라도, 값이 비싸더라도 정확하고 깔끔한 결과를 원한다. 이제는 오랜 시간 일하다 보니 나와 미팅을 잡고 싶다면 낮 시간을 이용하고, 식사가 필요하면 점심 약속을 잡는다.

그렇게 해서 영업이 잘 되느냐고 반문할 수도 있다. 하지만 상호 신뢰는 꼭 저녁 시간에 술 한잔으로만 형성되지 않는다.

나는 그 시간을 고객 만족도를 높이기 위해, 교재 개선과 더 나은 컨설팅 보고서를 연구하는 데 사용했다.

그렇게 일을 하다 보니 어느덧 아이들은 성인이 되었고, 저녁 시간은 온전히 나만의 시간이 되었다. 남은 시간은 개인 운동과 남편과 함께 보내는 데 사용한다. 만약 그때 저녁 시간을 업무에 쏟았다면, 가족들과의 소중한 추억은 남아 있지 않았을 것이다.

남편은 지금도 내가 사업을 하면서 아이들을 챙긴 것에 고마워한다. 덕분에 자신도 더 가정에 충실할 수 있었다고 말한다. 나는 사업의 목적을 잃지 않았기에, 가족과 사업 두 마리 토끼를 잡을 수 있었다.

황금 인맥: 성공을 이끄는 진짜 관계

사업을 할 때 인맥이 정말 필요할까? 물론 인맥이 없는 것보다 있는 것이 유리하다. 하지만 세상에는 학연, 지연, 혈연 없이도 성공한 사람들이 많다. 나 역시 시골 마을에서 자라 특별한 인맥 없이 사업을 시작했다.

그렇다고 인맥의 중요성을 간과하는 것은 아니다. 내가 경험한 바로는, 인맥은 단순히 만들어진다고 끝나는 것이 아니다. 인맥의 진정한 가치는 어떻게 유지하고, 어떻게 활용하느냐에 따라 결정된다.

초기에 나에게 인맥이 부족했던 것은 사실이다. 그러나 사업을 시작하면서 다양한 사람들을 만나며 인맥을 쌓기 시작했다. 그 과정에서 깨달은 것은, 아무리 좋은 인맥을 만들어도 그 관계를 제대로 유지하지 못하면 아무 소용이 없다는 점이다.

더 나아가, 인맥에만 의존하려는 자세는 오히려 독이 될 수 있다. 결국 사업의 성패는 인맥 그 자체가 아니라, 인맥을 어떻게 활용하고, 나 스스로 얼마나 노력하느냐에 달려 있다.

진정성 있는 관계가 진짜 인맥이다

물론 인맥은 사업 초기 큰 도움이 될 수 있다. 경험이 많은 사람이 건너려는 냇가에 돌다리를 놓는 법을 알려주듯, 인맥은 내가 가지 않은 길을 안내해줄 수 있다. 하지만 그들이 아무리 좋은 조언을 해주더라도, 그 결과를 책임지는 것은 결국 나다. 따라서, 내가 내린 선택에 대한 책임을 남에게 전가할 수는 없다.

만약 그 사람의 방식이 실패했다면, 그 사람을 탓하기보다는 내 결정에 대한 성찰이 우선이어야 한다. 사업에서 남 탓을 하는 사람 중 성공한 사람을 본 적이 없다. 인맥이 중요할 수는 있지만, 그것에 계속 의존할 수는 없는 이유다.

내가 말하는 인맥은 단순히 격식을 차리는 형식적인 관계가 아니다. 나의 '황금 인맥'은 일상 속에서 편하게 이야기를 나누고, 사업상의 고민을 털어놓을 수 있는 사람들이다. 우리는 모두 사업 초기의 어려움을 함께 공유하며 성장해왔다.

서로의 고민을 나누다 보면 대부분 비슷한 문제로 고생하고 있었고, 서로에게 위로가 되었다. 그런 관계는 인맥을 쌓기 위한 계산적인 관계가 아닌, 진심으로 서로를 돕는 관계로 발전했다.

사업을 하면서도, 나의 인맥 관리 방식은 단순했다. 무엇을 바라기보다는, 내가 받은 도움에 보답하려는 마음으로 관계를 유지했다. 예를 들어, 누군가 도움을 준다고 해서 곧바로 나의 이익을 기대하지는 않았다. 오히려 서로의 상황을 이해하고, 관계를 계속 이어가기 위해 노력했다.

그렇게 1년, 3년, 어느새 15년이 지나도 진심 어린 관계는 유지되었다. 내가 받았던 도움을 보답하려고 노력했듯, 상대방 역시 나에게 진심으로 대했다. 이러한 과정을 통해 우리는 함께 성장하며, 서로 신뢰하는 인맥으로 발전했다.

사업 초기에는 현금이 돌지 않아, 교재 제작을 맡긴 출판사에게 비용 지급을 6개월 미루었지만, 그들은 나를 신뢰해주었다. 우리 역시 그 신뢰를 잃지 않기 위해 노력했다. 교재 페이지가 엇갈리는 등 실수가 발생했을 때도 서로를 비난하기보다는 함께 해결책을 찾았다. 그 신뢰 덕분에 지금까지도 우리는 함께 일하고 있으며, 서로에게 의리가 있는 파트너로 남아 있다.

인맥은 수단이 아닌, 함께 성장하는 동반자

인맥이 많으면 당연히 좋다. 그러나 사업이 어느 정도 궤도에 오른 후부터는 숫자보다는 관계의 깊이가 더 중요하다. 나의 '황금 인맥'은 재산이나 명예로 가늠되지 않고, 그 관계가 얼마나 진정성 있는지에 따라 결정된다.

사업 초기에 인맥의 중요성을 모르고 그저 일을 해나가다가도, 시간이 지나면 진짜 인맥이 무엇인지 깨닫게 된다. 인맥을 단순한 수단으로 여기는 사람들은 그 관계를 오래 유지하기 어렵다.

사업은 혼자서 하는 것이 아니다. 처음에는 인맥이 없어도, 진심을 다해 사람들과의 관계를 쌓아가면 그 인맥은 점점 더 단단해진다. 인맥이 부족해서 사업이 잘 안 된다고 불평만 하는 것은, 마치 내가 사업가 가정에서 금수저로 태어나지 않은 것을 원망하는 것과 다를 바 없다. 중요한 것은 그 불평을 넘어 자신의 길을 개척하는 것이다.

사업은 단기적으로 끝나는 것이 아니라, 오랜 시간에 걸쳐 꾸준히 이어지는 여정이다. 그렇기에 진심을 다하는 마음과 행동을 유지할 수 있다면, 내 인맥은 점차 두터워지고, 믿을 수 있는 사람들과 함께 성장해 나갈 수 있다.

4장

방문 간호,
기억 너머의 삶을 돌보다

우리는 모두 나이가 들고, 언젠가는 기억의 한 조각을 잃어버릴지도 모른다. 하지만 기억이 사라진다고 해서 우리의 일상과 존엄까지 잃어버려서는 안 된다는 생각이다. 치매 환자들에게 일상은 그들이 살아있음을 느끼게 해주는 마지막 끈이다. 나는 그들이 그 끈을 놓지 않도록, 존엄을 지키며 하루하루를 살아갈 수 있도록 돕고 싶다.

"방문요양을 넘어, 방문간호가 반드시 필요한 이유"

간호사였던 나에게 가장 유리했던 사업 아이템

스무 살 무렵 우연히 기사를 검색하다가 '20년 후 주목받는 사업 아이템'이라는 제목의 글을 보았다. 여러 가지 내용이 있었지만, 아직도 머릿속에 남아 있는 건 노인 돌봄 서비스나 노인 동행 서비스 등을 언급한 '잠재력 있는 실버산업'이라는 문구였다.

그 당시에도 전망이 있을 것 같다고 생각해서인지 직장생활을 하는 동안에도 가끔 실버산업에 관한 생각이 떠오르곤 했다. 그 영향이 아니면 설명할 수 없을 정도로 나는 실버산업에 관심이 많다. 그래서 첫 사업으로 방문간호센터를 시작하게 되었고, 어르신들을 돌보고 말벗이 되어주는 일이 내 성향과 잘 맞았다.

시골에서 자란 정서 때문인지, 아니면 어릴 적 조부모님과 가깝게 살아서인지 어른들에 대한 거부감이 없었다. 어릴 적부터 어르신들과 대화를 나누며 삶의 지혜를 배울 수 있다고 생각했다. 그들이 후회하는 것은 피하고, 잘 살았다고 생각하는 것은 따라 하면 된다고 여겼다. 시내버스를 타고 다니며 할아버지, 할머니들과 이런저런 이야기를 나누던 어린 시절을 떠올리면 절로 미소가 지어진다.

초고령화 사회와 실버산업의 중요성

실버산업이 20년 후에 주목받는 사업이 될 수밖에 없는 이유가 있었다. 요즘은 텔레비전만 틀면 사회적 문제로 2025년에 닥칠 초고령사회의 문제점에 관해 이야기한다. 초고령화 사회에 관한 내용은 대학에 다닐 때도, 방문간호센터를 운영하면서도 무수히 들었다.

또한 대학원에서 '가속화되는 초고령화 사회 솔루션'이라는 주제로 리포트도 썼다. 그만큼 나에게 생소한 내용은 아니었다. 그렇게 시간이 지나, 이제 초고령화 사회라고 말할 수 있는 시대가 몇 달도 채 남지 않았다.

나는 의료와 관련한 일을 하다 보니 보건의료 분야의 사회적 흐름에 민감한 편이다. 의료기관은 종별을 변경하거나 새로운 통합 재가 쪽으로도 시야를 넓혀 주시하고 있다. 그렇게 흐름에 맞추어 1년 전부터 홈 헬스케어 분야를 준비해 왔다.

보건복지부는 2024년 3월에 '미래를 여는 의료개혁과 약자복지'라는 비전과 추진 계획을 발표했다. 그중에서 국민돌봄 통합지원의 핵심 과제로 제시된 '살던 곳에서 존엄한 노후 보장'이라는 계획안은 우리가 주목해야 할 대목이다.

정부는 여러 서비스를 한 곳에서 편리하게 이용할 수 있는 통합재가 서비스를 확충하겠다는 입장을 밝혔다. 이는 주·야간 보호뿐만 아니라 방문간호, 방문요양, 방문목욕까지 함께 운영하는 통합재가 서비스를 확대하겠다는 뜻이다. 하지만 현재 이와 같은 통합재가기관은 매우 적다.

부모님과의 경험, 그리고 방문간호의 필요성

'마처 세대'라는 말이 있다. 부모를 부양하는 '마지막 세대'

이자 자녀에게 부양받지 못하는 '처음 세대'를 말한다. 나도 시골에 계신 부모님을 돌보고 있지만, 가장 어려운 부분이 두 분의 몸이 아프실 때다. 동네에 전문병원이 없고, 차가 없으면 이동도 어렵다. 팔순이 되면서부터는 뼈가 약해져 김치통을 들다가 척추에 금이 가서 수술까지 하셨다. 서울까지 오가며 치료를 받는 것이 엄마도 나도 참 힘든 일이기에, 내가 살고 있는 동네로 부모님을 모시고 오려 해도 한사코 정선에 머물기를 고집하신다.

처음에는 딸이 회사 일과 엄마 부양 문제로 힘들까 봐 망설이는 줄 알았다. 그 부분이 마음에 걸리는 것이 아예 없으셨던 것은 아니었겠지만, 엄마는 추억이 있고 익숙하게 살던 그곳을 쉽게 떠나기 어려웠던 것이다.

젊은 시절 아이를 키우고 힘들 때마다 커피 한 잔 나눠 마시던 그 동네가 엄마에게 제2의 고향과 같다는 걸 알고부터는 나는 매일 전화해 안부를 묻는 걸로 대신한다. 강원도 정선에서 함께 자란 내 친구 또한 어머니가 수술하신 이후 인천에서 병원을 퇴원해 정선으로 엄마를 집에 모셔다드렸는데, 친구의 어머니가 동네 아줌마들 온다고 얼른 올라가라고 한 말이 너무 서운했다며 하소연한 적이 있었다. 당연히 엄마들이 우리를 얼마나 사랑하는지 알고 있지만, 동네에서 일상을 나누는 친구들이 당신들의 행복에 얼마나 큰 영향을 끼치는지 알게 되는 얘기였다.

방문간호센터 프랜차이즈의 필요성

여러 가지 이유로 나는 다시 방문간호센터로 사업의 방향을 확장했다. 하지만 이번에는 나 혼자만이 아니라 같은 뜻을 가진 전문가들과 함께 예비 사업가들의 꿈을 실현할 준비를 하고 있다. 내가 가진 정보와 비결을 충분히 녹인 방문간호센터 프랜차이즈 사업이 바로 그것이다.

한 차례 나는 보험청구심사 학원을 프랜차이즈화했었다. 그때의 경험을 살려 한 사람의 힘이 아닌 여러 사람의 힘을 합쳐 우리의 색깔을 기반으로, 많은 어르신들과 보호자들이 행복할 수 있는 사업을 만들어 가고 있다.

장기요양 등급을 받고 '방문간호'가 필요하지만, 보호자들이 '방문요양'만 행하고 있는 경우가 대부분이다. 가끔 지인들이 욕창이 생긴 어르신의 문제에 대해 상담하는 경우가 있다. 방문요양 서비스를 받으면서도 간호 서비스가 제공되는 방문간호 제도를 안내받지 못해 문제가 된 경우다.

간호사에게 전하는 도전의 메시지

2024년 1월 기준으로 국내 장기요양기관을 업종별로 살펴보면, 방문요양센터는 17,590개에 달하지만, 방문간호센터는 837개에 그쳐 무려 20배 이상의 차이를 보이고 있다. 이는 방문요양센터 창업에 비해 방문간호센터 창업이 현저히 낮으며, 간호사의 창업 비율이 낮다는 현실을 반영한다.

방문간호 서비스가 부족한 이유는 여러 가지가 있지만, 아직 많은 이들이 이 서비스가 무엇인지, 어떤 도움을 받을 수 있는지 잘 모른다는 점도 큰 원인 중 하나다. 2022년 자료에 따르면 재가장기요양 수급자는 61만 4천 명에 달하지만, 노인방문간호 이용률은 전체 이용자의 2.69%에 불과하다.

게다가 현재 활동 중인 방문간호사는 1,486명에 그쳐, 방문간호 서비스가 절대적으로 부족한 실정이다. 하지만 노인 장기요양에서 방문간호의 필요성은 점점 커지고 있으며, 제도적 변화와 신체적 어려움으로 인해 병원 진료가 더 힘들어질 수밖에 없는 수급자들은 앞으로 방문간호를 더 많이 선택할 수밖에 없다. 이를 대비해 방문간호센터의 수를 늘리는 것은 매우 시급한 과제가 되었다.

방문간호는 단순히 병원에 가기 어려운 노약자들이 집에서 치료를 받는 데 그치지 않는다. 건강 예방 관리, 통증 및 감염 관리, 투약 관리 등 전문적인 간호 서비스를 통해 노인들의 삶의 질을 높이는 중요한 역할을 한다. 방문요양을 넘어, 방문간호가 반드시 필요한 이유가 바로 여기에 있다.

간호사에서 사업가로의 성공

방문요양기관의 경우 간호사가 아니어도 창업이 가능한 반면, 방문간호센터는 반드시 간호사가 있어야 한다. 환자에게 전문적인 간호를 수행하고 관리하는 데 있어서 간호사의 역할이 매우 중요하기에 당연한 일이다. 이는 방문간호센터 창업이 상대적으로 적은 이유이기도 하지만, 동시에 현직 간호사나 간호사 출신 CEO가 꼭 필요한 이유이기도 하다.

이 책을 읽고 있는 간호사 중 창업을 고려하는 사람이 있다면, 무엇이든 용기가 필요한 법이라는 말을 건네고 싶다. 지금만큼 창업하기 좋은 기회는 없다. 기회는 타이밍이다. 그 타이밍에 맞춰 행동으로 옮기는 사람이 결국 성공의 기회를 잡을 것이다.

방문간호 사업에 집중하면서 마치 정해진 운명이 다가오는 듯한 느낌을 받는다. 지금까지 병원 컨설팅과 온라인 교육 사업을 통해, 센터 운영에 필요한 모든 시스템을 갖추었다. 전산 프로그램부터 앱, 교육 동영상까지, 자체적으로 아이디어를 내고 바로 실행에 옮길 수 있는 기반을 마련했다. 이렇게 나는 이 사업을 성공으로 이끌기 위한 모든 준비를 마쳤다.

실버산업은 초고령화 사회로 진입하는 우리 사회에서 점점 더 중요한 역할을 하게 될 것이다. 간호사였던 내가 사업가로 성공할 수 있었던 데에는, 방문간호 사업이라는 아이템이 주효했다는 것도 결코 부인할 수 없다. 나는 앞으로 더 많은 사람과 함께 이 사업을 성장시키고 발전시켜나갈 것이다. 그렇게 더 많은 어르신들의 행복과 복지를 위해 헌신하는 사업가로서, 이 길을 걸어가고 싶다.

세상에서 가장 무서운 질병, 치매

 정기적으로 만나는 친구들이 있다. 30대에는 주로 남편과 자식 이야기를 나눴던 우리였다. 그런데 40대에 들어서면서부터는 부모님과 자신의 건강이 대화의 주된 화제가 되기 시작했다. 이제는 고령이 되신 부모님의 병원 문제나 홀로 지내시는 부모님의 안위를 걱정하는 이야기가 대화의 대부분을 차지한다. 우리는 이제, 부모님을 어린아이처럼 보살피는 입장이 되었다. 마치 우리가 성장하며 부모님께 보살핌을 받았던 것처럼 말이다.

 나이가 들수록 부모님이 물건 둔 곳을 자주 잊어버리거나 했던 이야기를 반복하시는 모습을 볼 때, 가슴이 철렁 내려앉는다. 며칠 전 일조차 기억하지 못하시는 부모님의 모습에 혹시나 하는 불안감이 밀려온다. 혹시 이게 치매의 증상이 아닐까 하는 두려움 때문이다.

개인과 가족을 넘어선 사회적 문제

우리나라 치매 환자 추정 수는 이미 100만 명을 넘어섰다. 65세 이상 10명 중 1명이 치매를 앓고 있으며, 통계적으로 보면 사는 동안 5명 중 1명꼴로 치매에 걸리는 셈이다. 더욱이 치매는 죽을 때까지 관리가 필요한 질병이라 간병비와 의료비 등 많은 비용이 요구된다. 치매 환자 1인당 연간 평균 관리 비용은 2,112만 원에 이르고, 중증 치매 환자의 경우 연간 3,312만 원에 달한다.

더 심각한 점은, 치매 전 단계인 경도인지장애 환자도 점점 늘어나고 있으며, 이 중 약 10%는 1년 안에 치매로 진행된다는 것이다. 이런 이유로 50대 이상 연령층이 가장 두려워하는 질병 1위가 치매다. 치매가 무서운 이유는, 스스로 인지할 수 없고 그로 인해 결정 권한을 모두 잃어버리기 때문이다. 치매는 개인이 겪는 단순한 질병이 아니라, 가족에게도 정신적·금전적 부담을 안기는 큰 문제다. 나아가 우리 사회 전체가 함께 해결해야 할 중요한 과제다.

이제는 노년만의 질병이 아니다

나는 이러한 통계를 보고 실로 큰 충격을 받았다. 부모님만의 문제가 아니라, 나 역시 치매에서 자유로울 수 없다는 생각 때문이었다. 더욱 우려되는 점은, 치매가 더 이상 노년기의 질병으로만 국한되지 않는다는 사실이다. 40대와 50대에도 치매 환자가 꾸준히 증가하고 있어, 이제는 전 연령대가 경계해야 할 질병이 되었다.

30대 초반에 방문간호 사업을 시작하면서, 어르신들의 삶을 가까이에서 접할 수 있었다. 그 경험을 통해 나는 치매라는 질병이 단순한 질병이 아니라, 윤리적 문제와 사회적 과제를 수반하는 복잡한 문제임을 절실히 깨달았다. 치매 환자의 자율성과 권리를 어떻게 반영할 수 있을지, 그리고 그들의 가족들이 겪는 어려움을 사회가 어떻게 함께 나눌 수 있을지에 대한 고민이 깊어지는 이유다.

친구들은 농담 반, 진담 반으로 "내가 치매에 걸리면 나 좀 잘 부탁해"라고 말한다. 그만큼 치매에 대한 두려움이 큰 것이다. 이제는 '방문간호'의 필요성을 더 이상 남의 일처럼 여기지 않고, 부모님에게, 그리고 언젠가는 자신들에게도 필요할 수 있다는 사실을 인지하기 시작했다. 부모와 떨어져 살더라도 자식들이 해야 할 역할은 무엇인지, 부모님이 남은 삶을 어떻게 살아가실 수 있도록 지원할지에 대한 구체적인 고민이 필요한 시기다. 어떻게 보면, 이런 고민을 나눌 수 있는 연령대에 내가 속해 있다는 것이 참 다행이라는 생각이 든다.

함께 나누고 극복해야 할 문제

원하지 않더라도 치매와 같은 질병은 우리 삶에 찾아올 수 있다. 그럼에도 불구하고 우리는 치매에 대한 준비를 소홀히 하는 경향이 있다. 여러 가지 질환에 대한 보험은 들어두면서도, 정작 치매 보험은 가입하지 않는 경우가 많고, 그저 두려워할 뿐, 어떻게 대비해야 할지 알고 있는 사람은 드물다.

친구들이 가족이 아닌 나에게, 치매에 걸리면 자신을 부탁

한다고 말하는 이유는 아마도 가족에게 짐이 되고 싶지 않다는 마음에서일 것이다. 그동안 살아온 인생의 기억이 사라지고, 누군가의 부담이 될 것이라는 두려움 때문일 것이다. 하지만 우리는 누구도 치매에서 자유로울 수 없으며, 언제 치매에 걸릴지 모를 일이다.

나 역시 치매에 대한 두려움이 크다. 하지만 그 두려움에 머무르지 않고, 치매 환자를 돌볼 수 있는 시스템을 하나씩 만들어가고 있다. 이런 일을 할 수 있다는 점에서 지금 이 사업을 하고 있다는 사실이 참 다행스럽게 느껴진다. 아직 완벽하게 완성되지는 않았지만, 방문간호사들과 함께 조금씩 그 퍼즐을 맞춰 나가고 있기에 반드시 성공할 것이라는 확신이 있다.

치매라는 질병은 분명 혼자 감당하기 어려운 무거운 짐이다. 그러나 우리 모두가 그 짐을 함께 나누고 보살피는 사회적 시스템이 구축된다면, 치매는 더 이상 두려움의 대상이 아니라, 함께 극복할 수 있는 문제로 다가올 것이라 믿는다.

"집은 각자의 역사가 묻어 있는
삶의 휴식처이기 때문이다."

집으로 간호사가 간다

"에이징 인 플레이스(Aging in Place). 장수하는 사람이 있는 것이 아니라 장수하는 마을이 있는 것입니다."

환자 복지와 지역사회 연계라는 주제로 강연했던 아시아 만성기의료학회에서, 내가 청중들을 향해 끝맺으며 했던 말이다. 많은 사람이 '에이징 인 플레이스' 즉, 내 집에서 노후를 보내길 바란다. 그래서 그에 따른 지역사회의 역할 중 방문간호의 필요성과 중요성을 강조하고 싶었다.

우리나라의 베이비붐 세대는 6·25 전쟁 이후의 세대를 말한다. 대한민국이 급격한 경제성장과 산업화를 경험할 때, 이들은 경제발전에 크게 기여했다. 그 세대는 나이가 들면서 생산능력이 떨어지고, 연금과 건강보험 등 사회보장정책에 부담을 주는 노인이 되었다. 하지만 그 '노인'들 중 대부분은 본인보다 가족이 중요했고, 부모와 자녀를 돌보느라 정작 자신의 노후는 준비하지 못한 이들이다.

사람은 모두 늙는다. 그들이 어떤 업적을 남겼기에 노후를 지원해 줘야 하는 것이 아니다. 이는 우리 모두의 일이며, 곧 부모님의 일이라는 사실을 잊지 않았으면 한다. 그러므로 국가 재정을 많이 쓰는 고령층이라는 잘못된 인식으로 그들의 노고가 헛되게 느껴지게 해서는 안 된다는 생각이다.

효도는 가족의 몫만이 아니다

싱가포르에서는 '효도법'(Maintenance of Parents Act, 부모 부양법)이라는 생소한 이름의 법이 있다. 노인 부양 문제를 가족의 틀 안에서 해결하도록 하는 취지다. 가족이 최대한 함께 살도록 하여 서로 의지하게 하고, 그것을 위해 법으로 강제하거나 아파트 분양을 유도하기도 한다. 우리나라 정서로는 효도를 법으로 강제한다는 것이 맞지 않지만, 노인을 가족만이 아닌 사회가 함께 부양해야 한다는 점을 강조하고 싶다.

보건복지부 자료에 따르면, 한국 노인들의 희망 거주 형태를 조사한 결과 건강 유지 시 현재 집에 계속 거주하기를 원하는 비율이 83.8%에 달했고, 건강이 악화되어도 56.5%가 자신이 살던 집에서 지내기를 원한다고 한다. 우리 엄마의 경우도 서울에서 수술을 받고 퇴원 후 정선에서 서울로 몇 차례 병원을 오가야 했는데, 먼 거리를 오가는 어려움에도 불구하고 우리 집보다는 고향에서 지내기를 원하셨다.

나 역시 나이가 더 들어 누군가의 도움을 받아야 한다면 요양시설로 가고 싶지는 않다. 내 집에서 늦게까지 텔레비전을 보고, 손님이 오면 언제든 편하게 만날 수 있기를 바란다. 그러나 부모님 세대는 본인의 노후를 미리 준비하기 어려웠고, 그에 따른 선택권이 제한적인 경우가 많았다. 집에서 돌봄을 받기 어려운 자녀들이 요양시설에 모셔야 하는 상황이라면, 부모님 역시 어쩔 수 없이 따라야 했을 것이다.

방문간호의 중요성과 미래

현 정부는 장기요양 기본계획(2023~2027)을 통해 '집에서 적절한 돌봄이 이루어질 수 있는' 장기요양 서비스를 강화하겠다고 발표했다. 방문간호의 필요성은 현 복지 제도와 노인 인구 증가 추세만 봐도 쉽게 알 수 있다. OECD는 2040년, 우리나라가 세계에서 요양 서비스 인력이 가장 부족한 국가가 될 것으로 전망했다. 나 또한 이 전망에 동의한다. 이미 어르신들을 돌볼 인력을 구하는 것이 녹록지 않다.

인력 부족도 큰 문제지만, 이보다 더 심각한 것이 있다. 몸이 아픈 환자는 누군가의 도움으로 집에서 지낼 수 있지만, 치매 환자는 그렇지 않다. 치매 환자가 혼자 있다가 밖으로 나갔을 때 집을 찾지 못하거나, 심지어 자신의 정체성을 잃어버리는 경우가 생긴다. 치매 환자가 심적 평안을 얻으려면 가장 익숙한 환경인 집에서 돌봄을 받는 것이 좋지만, 만약 요양 서비스를 받기 어렵다면 가족이 24시간 곁에서 돌보는 것은 결코 쉽지 않다.

치매 환자를 위한 '호그벡 마을'의 교훈

네덜란드에 있는 '호그벡 마을'은 치매 환자를 위한 특별한 디자인으로 설계된 마을이다. 치매를 '삶의 한 과정'으로 보고, 모든 환자가 일반인처럼 일상적인 삶을 살 수 있도록 한 것이다. 우리나라에서도 호그벡 마을과 유사한 마을을 만들기 위해 몇 차례 시도했지만, 주민들의 반대에 부딪혀 성사되지 못했다.

이는 치매 환자가 위험하다는 잘못된 인식 때문이었다. 현재 우리나라 65세 이상 인구 중 약 10%가 치매 환자로 추정된다. 자신만은 절대 치매 환자가 되지 않을 것이라 생각하기에는 그 확률이 너무 높다.

방문간호센터를 운영하다보니 치매 어르신들에게 더욱 큰 관심을 가질 수밖에 없었다. 센터를 운영하던 초창기 때만 해도 치매 환자는 장기요양등급을 받을 수 없었고, 그에 따른 혜택도 없었다. 당시 내게는, 장기요양보험공단에 어르신들이 왜 도움이 필요한지 건의하는 것이 할 수 있는 최선이었다.

그래도 그 노력이 조금의 힘이 되었는지, 현재는 치매 환자도 장기요양 5등급을 받을 수 있고, '치매가족 휴가제'를 통해 가족 지원에도 적극적으로 나서고 있다.

치매와의 싸움, 우리 모두의 과제

어느 날, 거동이 불편해 침대에 걸쳐 앉는 정도만 가능한 할아버지 댁을 방문했다. 불편한 사항은 없는지 살피는 우리를 보고 할아버지는 "너무 감사합니다"라며 연신 고개를 숙이며 감사 인사를 반복했다. 돌아오는 길에 같이 갔던 사회복지사는 할아버지가 참 성격이 좋으신 분 같다고 말했지만, 나는 뭔가 빠뜨리고 온 것 같은 예감이 들었다.

다음 날 다시 찾아간 할아버지는 같은 말 외에 다른 말을 하지 않았다. 혹시나 하는 마음에 치매 검사를 했더니, 역시나 치매가 심각하게 진행 중이었다. 보호자에게 이 사실을 알리고 병원에서 치매 진단을 받게 한 후, 그에 맞는 약을 처방받도록 도운 기억이 난다.

어르신들은 '정신이 깜빡깜빡한다'며 가볍게 넘기다가 약을 복용할 시기를 놓치는 경우도 허다하다. 나는 거기서 멈추지 않고 날씨 이야기나, 본인이 어디 있는지를 자연스레 인지하도록 하는 대화를 반복하거나, 세 가지 단어를 불러주고 5분 후에 맞추는 게임처럼 치매 진행 여부를 자연스럽게 확인하는 방법도 함께 사용하며 어르신들을 돌보았다.

치매 환자들에게 무엇보다 중요한 것은 익숙한 환경에서 편안함을 느끼는 것이다. 낯선 곳에서는 불안함이 커지지만, 본인이 오랫동안 살아온 집에서는 비록 기억이 흐릿해지더라도 그 공간에 대한 기억이 어르신들에게 안도감을 준다.

아무리 좋은 것을 보고 맛있는 것을 먹어도, 일정 시간이 지나면 집에 가고 싶어진다. 집에 들어서면 "집이 제일 좋다"고 말하는 이유는 집이 단순한 물리적 공간이 아닌, 각자의 역사가 묻어 있는 삶의 휴식처이기 때문이다.

치매와 관련된 수많은 경험을 통해, 나는 이 질병에 대한 관심과 이해가 깊어질 수밖에 없었다. 그 결과, 호그벡 마을과 같은 치매 환자 전용 마을이 우리나라에도 꼭 필요하다는 생각을 하게 되었다. 아쉽게도 아직 우리나라에는 그런 마을이 없다.

치매는 우리 모두가 직면한 문제이며, 이를 해결하기 위해 정부와 국민이 함께 인식하고 힘을 모아야 한다. 언젠가 우리나라에도 호그벡 마을 같이 치매 환자들을 위한 마을이 생겨나기를, 그리고 이 프로젝트가 꼭 실현되기를 진심으로 바란다.

"기억이 흐릿해진다고 해서
사랑이 흐릿해지는 것은 아니다."

기억은 잃어도 일상은 잃지 않는
삶을 만들기 위하여

몸살로 밤잠을 설친 뒤, 이른 아침 병원에 진료를 받으러 갔다. 앞 의자에는 할머니와 아들로 보이는 두 사람이 앉아 있었다. 시선이 자꾸 그들에게 머물렀다. 이유는 간단했다. 아들이 엄마를 바라보는 눈빛이 너무 따뜻했기 때문이다. 마치 자식을 바라보듯, 사랑스럽고 애틋한 감정이 그의 얼굴에 묻어났다.

할머니는 자판기 앞에서 음료수를 뽑아달라는 눈빛을 보냈고, 아들은 너무 귀엽다는 표정으로 음료수를 뽑아 손에 쥐어주었다. 다시 의자에 앉힌 후, 할머니는 한참 동안 음료수를 쳐다보더니, 다시 그를 바라봤다. 그는 "뚜껑 따줄까요?"라며 아이를 달래듯 뚜껑을 따주었고, 할머니는 함박웃음을 지었다. 그 순간도 잠시, 음료수가 옷 위로 흘렀고, 아들로 보이는 그는 자연스럽게 티슈로 닦아주었다. 내 진료 순서가 되어 이름을 부르는 소리도 듣지 못할 정도로 멍하니 그들을 쳐다보고 있었다. 그 모습을 보니, 할머니는 마치 아들의 엄마가 아닌 그저 아이처럼 보였다.

알고 보니 할머니는 치매를 앓고 계셨던 것이다. 그동안 치매로 인해 어린아이 같은 행동을 하는 어르신들을 많이 봐왔지만, 치매에 걸린 어르신을 그렇게 따뜻한 눈빛으로 바라보는 보호자의 모습은 처음이었다. 과연 내가 그 상황이 된다면 '엄마를 저런 눈빛으로 볼 수 있을까?' 하는 생각이 들면서, 반대로 '이런 상황에서 우리 아이들은 나를 어떤 눈빛으로 바라볼까?' 하는 생각에 잠기게 한 하루였다.

세심한 배려가 필요해

현재는 볼 수 없지만, 이전에는 간호사의 상징으로 떠오른 것이 바로 흰색 캡이었다. 한때, 어느 요양병원에서는 치매 환자를 위해 간호사의 상징이었던 흰색 캡을 다른 병원보다 조금 더 오랫동안 유지했다고 한다. 직원들의 동의하에, 치매 어르신들의 추억 속에 살아가는 의미를 존중하려는 노력이었다. 그 이후로도 치매 환자를 잘 돌보는 병원으로 소개되며 TV에 몇 차례 방영되기도 한 다큐멘터리 속 간호사들의 세심한 정성을 잊을 수가 없다.

다큐멘터리 한 장면에서 지금까지 기억에 남는 장면이 하나 있다. 치매로 입원 중이던 할아버지가 새벽시장을 나가야 한다며 병실을 나서려 할 때, 근무 중인 간호사가 할아버지에게 잠시 앉아 있다 가자고 얘기하며 시간을 끌었다. 잠시 후, 할아버지는 일을 다 마쳤다며 다시 병실로 들어가셨다. 누가 보면 이상해 보일 수도 있지만, 그 할아버지에게는 그것이 일상이고 현실이었다. 사실, 치매는 이상한 병이 아니다. 나이가 들면 몸의 한 부분이 망가지거나 제 기능을 하지 못하게 되듯, 치매는 그 병이 뇌로 온 것일 뿐이다.

한국에도 호그벡 마을이 필요하다

언제부터 치매 환자에게 유독 관심을 가지게 되었는지는 잘 모르겠다. 조부모님이 치매를 앓으셨던 것도 아니고, 영화나 드라마의 영향도 아니다. 그렇지만 나이를 먹을수록, 사업이 성장할수록 치매 환자들이 일상을 살 수 있도록 돕는 것이 나의 숙명처럼 느껴졌다. 치매 예방을 위한 학습지를 정신건강의학과 의사와 논의하여 방문간호에 활용하는 등, 치매 환자를 위한 나의 노력은 여전히 진행 중이다.

나의 마지막 꿈은 한국에 호그벡 마을을 만드는 것이다. 그 꿈을 현실로 이루기 위한 시작으로, 이천에 작은 땅을 샀다. 마을을 만들기에는 아직은 매우 작은 땅이지만, 내가 처음 사업의 꿈을 키울 때 20만 원씩 모으며 꿈을 잃지 않고 원하는 것을 이루었듯이, 이 작은 땅이 나의 꿈을 지지해 줄 것이라고 굳게 믿는다.

돈을 생각한다면, 호그벡 마을을 짓는 데 드는 비용은 결코 수익으로 돌아오지 않을 것이다. 이미 돈을 벌 수 있는 수많은 방법들을 실행하거나 가지고 있지만, 이 프로젝트는 단순히 돈을 벌기 위한 일이 아니다. 그렇다면 나는 왜 굳이 이 일을 하려고 하는 것일까?

그 답은 내가 사랑하는 사람들과 그들이 살아갈 세상을 조금이라도 더 나은 곳으로 만들고 싶다는 마음에서 비롯된다. 호그벡 마을은 나 자신을 위해, 그리고 내 가족과 지인, 나아가 많은 사람들의 사랑하는 이들을 위해 만들고자 하는 공간이다.

또한 이 결심의 바탕에는 치매에 대한 두려움이 존재한다. 내가 방문간호 사업을 지속하는 이유 또한 치매에 걸린 후에도 존엄성을 유지하며 살아가고 싶은 마음에서 비롯된 것일 테다. 치매는 단순히 나 혼자 겪는 질병이 아니라, 나와 내 가족, 그리고 가까운 이들에게 큰 영향을 미치는 병이다. 나는 그런 상황이 누구보다 두렵다. 가족에게 부담이 되거나, 내가 모르는 사이에 상처를 주는 존재가 되고 싶지 않다.

예쁜 치매 할머니

간병에는 효자가 없다는 말이 있다. 치매는 끝이 보이지 않는 싸움이고, 가족에게 정신적, 육체적, 경제적으로도 엄청난 부담을 준다. 나 역시 내 자식들에게 그런 부담을 드리고 싶지 않다. 부모님이 치매에 걸렸을 때도 자식들에게 가장 큰 부담은 그들이 지켜봐야만 한다는 것이다. 병원에 모시고 가는 일부터 시작해 일상생활의 모든 부분이 변해버리는 상황에서, 가족들은 지칠 수밖에 없다.

대학원 시절 여러 나라의 의료 시스템을 연구한 적이 있다. 그 과정에서 '호그벡 마을'이라는 개념을 처음 접했다. 치매 환자들이 자유롭게 생활하며 존엄성과 자율성을 유지할 수 있는 곳, 그곳을 통해 가족들과 죄책감이나 큰 부담 없이 환자와 함께 살아갈 수 있다는 사실이 내 마음을 움직였다. 이것이 바로 내가 꿈꾸던 해결책이었다.

호그벡 마을은 단순히 치매 환자들을 돌보는 곳이 아니다. 치매 환자와 그 가족들이 함께 더 나은 삶을 살아갈 수 있는 곳이다. 내가 만약 치매에 걸린다면, 나는 가족과 주변 사람들에게 짐이 되는 존재로 남고 싶지 않다. 오히려 그들과의 마지막 순간까지 의미 있는 추억을 만들고, 따뜻한 기억으로 남고 싶다. 그들이 나를 찾아올 때마다 '예쁜 치매 할머니'로 기억되기를 바라는 마음에서, 나는 이 마을을 꿈꾸고 있다.

존중받아야 마땅한 일상

우리는 모두 나이가 들고, 언젠가는 기억의 한 조각을 잃어버릴지도 모른다. 하지만 기억이 사라진다고 해서 우리의 일상과 존엄까지 잃어버려서는 안 된다는 생각이다. 치매 환자들에게 일상은 그들이 살아있음을 느끼게 해주는 마지막 끈이다. 나는 그들이 그 끈을 놓지 않도록, 존엄을 지키며 하루하루를 살아갈 수 있도록 돕고 싶다.

기억이 흐릿해진다고 해서 사랑이 흐릿해지는 것은 아니다. 치매가 걸린 어머니를 바라보던 아들의 그 눈빛처럼, 사랑은 일상을 지키는 힘이 되는 것이 분명하다. 우리는 그들의 일상을 조금 더 지켜주기 위해 노력해야 하며, 그 속에서 우리도 언젠가는 같은 도움을 받을 것이라는 사실을 기억해야 한다.

내가 작은 땅을 시작으로, 한국의 호그벡 마을을 만들고자 꿈꾸는 이유도 이와 같다. 그들의 모든 순간을 존중하고, 존엄한 일상을 지켜줄 수 있는 터전을 만들어주고 싶기 때문이다.

작은 땅에 심은 이 꿈이 자라나 언젠가 많은 사람들에게 따뜻

한 쉼터가 되길 바란다.

하나의 꽃이 아닌 하나의 꽃밭으로

사무실을 몇 번 옮기다 보니 화분의 개수가 점점 늘어났다. 처음엔 예쁘게 배달된 화분들이었지만, 관리할 시간이 부족해지면서 두 달을 넘기지 않고 시들어갔다. 설명서에 쓰인 대로 주 1회 물을 주었지만, 화초들은 하나둘씩 잎을 떨구고 있었다. 버리기에는 아까웠지만, 관리를 하지 못해 화분들은 점차 골칫덩어리로 변해갔다.

관심을 가지지 않으면 보이지 않는 것들이 있다. 친구와 일본 여행을 갔을 때, 나는 화장품이나 구제 옷에 별다른 관심이 없었지만, 패션에 관심이 많았던 친구는 그런 가게들만 귀신같이 찾아냈다. 마찬가지로, 내가 관심을 주지 못한 화초들은 서서히 시들어갔다. 그때 나는 '나는 화초를 가꾸는 세심한 성격이 아니구나'라고 스스로 결론지었다. 그 이후로는 살아 있는 화초만 돌보고, 시든 화분들은 그냥 방치할 때가 많아졌다.

그러나 어느 날, 방치된 화초 중 일부가 싹을 틔우는 것을 보게 되었다. 죽은 것처럼 보였던 화분들 가운데 몇몇이 작은 연두색 잎을 피워내기 시작했다. 그 모습을 보니 신기하기도 하고 한편으론 미안하기도 했다.

작은 시작에서 커다란 성장을 꿈꾸며

작은 사무실에서 사업을 시작할 때 업무의 양은 사무실의 규모에 비례하지 않았다. 세금 문제부터 사무실 운영, 영업까지 모든 것을 혼자 해결해야 했다. 나는 하루 24시간을 30분 단위로 쪼개며 일정을 소화했다.

그때부터 지금까지, 나는 늘 나만의 일정표를 사용하는 것이 습관이 되었다. 다이어리를 쓰기에는 불편해, A4 용지에 일정표를 직접 그려 프린트해 사용하고 있다. 사업 초기에는 그런 나를 두고 존경스럽다고 말하는 사람들도 있었지만, 왠지 그들의 표정 속에는 내가 무언가를 놓치고 있다는 연민이 느껴졌다. 그때를 돌아보면, 하루하루 바쁜 일정 속에서 힘겹게 분투하는 내 모습이 스스로를 돌보지 못한 방치된 화초처럼 보였을지도 모르겠다.

관심과 돌봄으로 피어나는 꽃들

사업 경력이 쌓이면서, 방치했던 화초들에도 점차 관심을 가지기 시작했다. 시들어가는 화초들에게 물을 더 주고, 방치된 화분들이 없도록 더 신경 쓰기 시작했다. 직원들은 화초에 무관심하던 내 모습이 달라진 것을 신기해했지만, 돌아보면 화초들이 건강하게 자라며 마치 내 노력에 보답이라도 하듯이 나를 응원해주는 것처럼 느껴졌다.

화초가 건강하게 자라나는 모습을 지켜보면서, 문득 나도 내 일을 통해 다른 사람들과 함께 '꽃밭'을 만들어보고 싶다는 생각이 들었다. 처음에는 죽은 줄 알았던 화초들 중에서도, 결국 다시 살아난 것들이 있었다.

남들이 레드오션이라고 여기는 이 분야에서도 열정과 관심을 가진 사람들과 함께라면 큰 성공을 거둘 수 있을 것이라는 믿음이 생겼다. 단순히 실버 산업이 돈이 된다는 이유로 뛰어드는 것이 아니라, 이 일이 자신에게 정말 맞는지 깊이 고민하는 사람이라면 충분히 성공할 수 있으리라 확신한다. 나 또한 처음부터 돈을 목적으로 이 일을 시작한 것은 아니었기 때문이다.

함께 성장하는 길을 선택하다

사람들과 함께 일하는 것도 마찬가지다. 관심을 가지고 그들의 성장을 돕고, 함께 도전하는 과정에서 나도 성장했다. 지금까지 나는 단 한 번도 내가 소개한 곳에서 이익을 취하려 하지 않았다. 소개한 곳에서 계약이 성사되더라도, 그 이익을 챙기기보다는 계약된 기관이 더 많은 혜택을 받기를 원했다. 나의 이러한 태도를 알아준 덕분에, 새로 시작하는 사업에도 많은 사람들이 함께하고 싶다고 손을 내밀어 주었다.

이제 나는 그들에게 더 큰 책임감을 느낀다. 그들의 기대에 부응하기 위해, 잠시 일을 멈추고 사업 계획을 재정비하는 시간도 가졌다. 그들의 신뢰를 저버리지 않기 위해, 그리고 내가 맡아야 할 역할을 다시금 다잡기 위해 어느 때보다 신중하게 준비하고 있다.

나는 이 과정 속에서 더욱 확신하게 되었다. 이 일이 단순히 나 혼자만의 성공을 위한 일이 아니라, 함께하는 사람들과 더 큰 꽃밭을 만들기 위한 중요한 일이라는 것을 가슴 깊이 느끼게 되었다.

하나의 꽃에서 시작된 꽃밭을 향해

화초를 가꾸는 일이 처음에는 단순히 나의 작은 책임으로 시작되었지만, 어느새 화초들은 내게 배움의 대상이 되었다. 그 화초들이 나의 관심과 돌봄 속에서 살아남고, 더 건강해지는 과정을 통해 나 또한 사람들과의 관계에서, 그리고 사업에서 어떻게 성장해야 하는지를 배웠다. 나는 나 혼자가 아닌, 함께 성장하고 함께 나아가는 길을 선택했다.

이제 나는 그동안 구축해온 시스템을 바탕으로, 함께 도전할 사람들과 성공을 이루어낼 재가복지센터 확장 사업을 추진 중이다. 우리 회사가 다양한 사람들이 모여 하나의 좋은 시스템을 만들어냈듯, 나는 이 사업을 통해 모두의 일상이 존중받길 바라는 사람들과 함께 새로운 꽃밭을 가꾸어가고 있다. '나'라는 하나의 꽃으로 시작된 이 꽃밭에는 나 혼자만의 꽃이 아닌, '우리'가 함께 피워낼 아름다운 꽃들이 풍성하게 자라날 것이다.

5장

부자가 된
간호사

누구에게나 첫 사업은 미숙하다. 완벽하지 않은 한 사람이
대표가 되어 회사를 이끌어 가는 것은 매우 어려운 일이다.
약점은 누구에게나 있다. 사장이라고 해서 약점이 없어야
한다고 생각하는 것은 오만이며 자만이다.

줄 서는 3층 커피숍

사업은 내 전공 분야만 잘한다고 성공할 수 없다. 콘텐츠 영상을 제작하는 것만 해도 촬영 기술이나 편집, 그리고 다양한 기능이 탑재된 LMS 구축까지, 하나의 콘텐츠 영상이 완성되기 위해 여러 단계가 필요하다.

특히 LMS와 관련된 전산 부분은 당시 너무 모르고 시작한 터라 가장 고생했던 분야였다. 이 분야에서는 창업 후 5년 내 폐업하는 비율이 절반이 넘고, 10년을 넘어서면 살아남는 기업이 8%에 불과하다. 지나고 보니, 나는 10년 넘게 사업을 유지한 극소수의 회사가 되었다.

사업을 처음 시작했을 때와 비교해보면 시스템에 많은 변화가 있었다. 그중에서도 마케팅 분야의 변화가 가장 크게 와

닿았다. 예전에는 블로그나 카페 커뮤니티 등에 회사를 알리고 자료를 공유했다면, 지금은 유튜브, 인스타그램, 틱톡 등과 같은 SNS가 마케팅의 중심이 되었다.

한때는 개인 생활 영역으로만 여겨졌던 SNS가 이제는 회사에서도 절대 놓쳐서는 안 되는 마케팅 수단으로 자리 잡았다. 블로그에 글을 정리해서 올리는 것과 달리, SNS 마케팅은 노출 전략과 기발한 아이디어가 필수적이다.

과거에 마케팅 회사를 운영하는 대표에게 고액의 수업료를 지불하고, 마케팅 전반에 대해 배운 적이 있다. 배운 대로 큰 틀을 적용해보기도 했지만, 마케팅은 기획력과 창의력이 필요한 분야였다. 열심히 성실하게만 하는 우리 회사의 마케팅은 점점 통하지 않았다. 반면, 젊은 20대 사업가들은 참신한 마케팅으로 빠르게 성과를 내고 있었다. 우리도 젊은 직원들을 채용해 새로운 마케팅에 도전했지만, 그동안 해오던 방식에서 쉽게 벗어나지 못했다. 그러던 중, 마침 조카가 커피숍을 창업했다는 소식을 듣고 방문하게 되었다.

조카는 나에게 유난히도 애정이 가는 가족 중 하나였다. 집안의 첫 조카이면서 활발하고 붙임성 좋은 성격 덕분에 모든 가족에게 사랑받았다. 대학을 졸업하자마자 이름 있는 엔터테인먼트 회사에 입사할 정도로 일도 잘했고, 항상 똑 부러지게 행동했다. 그런 조카가 자랑스러웠다.

조카가 회사에 입사한 지 2년쯤 되었을 때였다. 회사가 계열사와 통합되면서 조카는 원하던 부서로 갈 수 없게 되었고, 결국 퇴사를 결정했다. 그리고 퇴사 후 1년이 거의 될 무렵, 커피숍을 창업한다는 소식을 들었다. 스물일곱이라는 젊은 나이에 도전하는 모습이 기특하기도 했다. 어른들은 조카의 앞날을 걱정했지만, 나는 첫 사업이 그녀에게 어떤 경험을 줄지 기대가 되었다.

조카는 생각보다 잘해 나갔다. 초기 자금을 줄이기 위해 인테리어부터 물품 하나하나까지 스스로 해결하며 비용을 아꼈다. 나도 잠깐 커피 트럭을 운영해본 경험이 있어, 커피 머신이 가장 중요한 장비라는 것을 알고 있었다. 그래서 조카에게 창업 선물로 고가의 커피 머신을 사주었다. 오픈 준비가 거의 마무리될 즈음, 조카를 응원하러 커피숍에 들렀다.

조카가 알려준 주소를 찾아 건물 앞에 도착했지만, 1층에 커피숍은 보이지 않았다. 혹시 몰라 위층을 쳐다보았지만, 간판도 보이지 않았다. 마중 나온 조카를 따라 계단을 올라가는데, 적잖이 당황했다. 엘리베이터도 없는 건물의 3층에 카페를 차렸다는 것이 아닌가! 게다가 주택을 개조한 건물이라 계단 경사도 꽤 가팔랐다.

난간을 잡고 겨우 올라갔더니, 조카의 커피숍이 아늑하고 깔끔하게 자리하고 있었다. 창밖으로 보이는 플라타너스 덕분에 숲속에 있는 듯한 편안함도 느껴졌다. 하지만 "3층에 카페라니?" 싶어 조금은 걱정스러운 마음도 들었다. 집으로 돌아가는 길에 남편이 "우리처럼 나이 든 사람은 올라가기 힘들 것 같아 젊은 사람들만 가겠네"라며 우스갯소리를 할 정도였다.

핫플을 만드는 디테일

엘리베이터도 없는 3층에 커피숍을 여는 건 정말 흔치 않은 일이었다. 예전에 교대역 역세권의 학원을 운영할 때, 엘리베이터가 없는 4층에 위치한 한계 때문에 결국 이전한 경험이 있었기에 더더욱 우려가 되었다. '장사는 상권이 중요하다는데, 올라가기도 힘든 3층 카페를 누가 찾을까?' 아마 대부분의 생각이 나와 같았을 것이다.

그런데 의외의 현상이 일어났다. 가끔 들르는 조카의 커피숍은 항상 손님들로 붐볐다. 심지어 붐비는 시간을 피해 방문해도 잠시 앉아 있으면 손님들이 끊임없이 들어와 테이블이 금세 가득 찼다.

조카는 어릴 때부터 SNS로 여러 제품을 리뷰하며 신발이나 미용 제품들을 협찬받기도 했는데, 그만큼 글솜씨도 뛰어나고 표현력도 풍부했다. 조카는 자신의 카페의 콘셉트와 강점을 누구보다 잘 알고 있었고, SNS에서 이를 효과적으로 활용했다. 개업한 지 한 달도 안 되어 유명 매거진에서 '이달의 꼭 가봐야 할 카페'로 소개되자, 손님들은 "여기가 그 핫플이야!"라며 몰려들었다.

핫플이 되기 위해서는 우선 사진이 예쁘게 나와야 한다. 먹음직스러운 시그니처 메뉴가 있어야 하고, 맛도 좋아야 한다. 조카는 요즘 세대답게 셀카를 잘 찍고, 매장 중간중간 설치한 조명도 단순한 밝기 조절이 아닌, 사진이 예쁘게 나오도록 최적화된 조명을 선택했다.

또 다른 성공 요인은 핑크하트 모양의 디저트였다. 조카와 동업하는 친구는 프랑스 유학을 다녀온 실력파로, 시그니처 메뉴인 바닐라 무스케이크의 개발에 큰 기여를 했다. 그들은 서로의 역할을 정확히 나눠, 효율적으로 카페를 운영했다. 친구는 이른 아침부터 빵을 구웠고, 조카는 낮에 나와 마감까지 책임졌다. 카페의 시그니처 디저트는 매일 완판되었고, 덕분에 카페는 연일 성공 가도를 달렸다.

이 모든 경험을 통해 마케팅에 대한 나의 관점도 크게 달라졌다. 고려대학교 온라인 마케팅 CEO 과정에 등록해 우리 회사만의 독창적 색깔을 더욱 선명하게 만들기 위한 공부를 이어가며, 우리 회사의 마케팅 전략을 새롭게 재정비했다.

단순히 상품을 알리는 것에 그치지 않고, 고객과 감성적으로 교류하며 특별한 경험을 제공하는 것이야말로 무엇보다 중요하다. 고객이 우리 제품과 서비스에서 진정한 가치를 느끼고, 자발적으로 이를 주변에 공유하게 만드는 것이 결국 성공의 열쇠다.

자신만의 또렷한 색깔을 가져라

    부모님은 두 분 다 강원도 춘천의 토박이셨다. 내가 1살 이 듬해쯤 강원도 정선으로 이사를 했으니, 나에게 고향은 정선 이나 다름없다. 부모님은 타지에서 자리를 잡기 위해 바쁘셨고, 내가 어릴 적 보고 느낀 세계는 공기 좋고 산이 높은 정선 이 전부였다. 누군가에게는 '공기 좋고 산이 높은' 정선이 매우 편안하고 좋아 보일 수 있지만, 나에게는 높은 산에 둘러싸인 답답한 곳, 그 이상도 이하도 아니었다.

    다섯 살 때 엄마와 함께 춘천에 갔던 기억이 난다. 외할머 니를 뵈러 가기 위해 떠난 춘천이라는 '도시'로의 방문은 나에 게 매우 신선한 충격이었다. 당시 정선에서 춘천까지는 버스로 5시간이나 걸렸기 때문에 엄마는 어린 나를 위해 챙겨야 할 준비물이 많았다. 먹을 것과 함께, 소변이 마려울 때 쓸 검은색 비닐봉지와 바가지를 챙길 정도였다.

5시간 동안 비포장도로에서 멀미로 고생하며 도착한 춘천 버스터미널에는 외삼촌이 나와 있었다. 외삼촌 품에 안겨 집으로 가는 길에 모든 것이 신기했던 기억이 난다. 자동차, 사람들이 많은 것은 물론이고, 건물도 높았으며 길가마다 있는 상점도 내 마음에 쏙 들었다. 시골에서 화려한 도시로 나오니, 엄마와 한 번씩 가는 춘천은 어린 나에게 동경의 대상이었다. 그때부터였던 것 같다. 나는 도시에 나와 살고 싶다는 마음을 늘 간직했다. 고등학생 때 썼던 일기장에도 '앞을 봐도 산, 뒤를 봐도 산'이라며 답답한 마음을 적어둔 것이 있을 정도였다.

새로운 시각으로 사업에 도전하다

사업을 시작하면서 느꼈던 기분 또한 그랬다. 한 군데에 적응되어 있던 내 시야가 더 넓고 화려한 곳으로 향하는 기분이었다. 사업을 하면서 항상 깨닫는 것은, 새롭게 보이는 것에 늘 호기심을 가져야 한다는 것이다. 특히 새로운 아이템을 개발하려 노력하는 것만이 아니라, 이미 존재하는 것에 나만의 색깔을 입히는 것이 가장 중요했다.

최근 방문간호센터 프랜차이즈를 준비하면서 많은 자료조사를 했다. 새로운 앱과 마케팅 방안 스무 가지 이상의 아이디어를 냈지만, 대부분 이미 다른 회사에서 개발되었거나 비슷한 방식으로 운영되고 있었다. 최초라고 생각했던 것들도 아직 활성화되지 않았을 뿐, 이미 누군가가 시작한 아이디어였다.

직장생활을 할 때, 산소호흡기를 정리하다가 쓸데없는 선을 뽑지 않고도 절전이 되는 시스템이면 좋겠다는 생각을 한 적이 있다. 퇴근 후 밤새 콘센트 디자인을 그렸지만, 특허 조회를 통해 이미 비슷한 것이 있다는 걸 알게 되었다.

창작은 아이디어에 아이디어가 더해져 나오는 것이다. 수많은 사람이 똑같은 물건을 써도, 누군가는 디자인을 바꾸고 기능을 추가해 새로운 물건을 만든다. 나만 그 생각을 한다는 것은 큰 착각이다.

최근 방문간호 사업과 관련해 새로운 방향을 잡고 시장 조사를 했다. 그 과정에서 모 대기업이 내가 시행하거나 계획 중인 것들을 이미 준비하고 있다는 사실을 알게 되면서 기운이 빠졌다. 그들과 힘겨루기하기에는 우리 회사가 너무 작고 미비하다고 느껴졌다.

잠깐이나마 자신감이 떨어졌지만, 산전수전을 겪어온 16년 차 대표인 나였다. 쉽게 포기할 수 없었다. 나는 무작정 사업계획서를 들고, 많은 병원장들이 존경하는 한국만성기의료협회 김덕진 회장님을 찾아갔다. 회장님은 경남 창원에서 희연병원을 운영하시는 분으로, 여러 번의 실패 후에도 꿋꿋하게 재기하여 명실상부 최고의 노인 전문 의료 기관을 일구어낸 인물이다.

본인이 만든 좋은 병원 시스템을 아낌없이 다른 병원에 전파하는 회장님의 모습을 보며 처음에는 의아했지만, 그분의 철학은 '그래야 우리가 자만하지 않고 더 발전할 수 있으며, 함께 성장할 수 있다'는 것이었다. 희연병원은 병원 견학 전담팀

이 있을 정도로 병원 관계자들이 꼭 가보고 싶어 하는 곳이었다. 나 역시 그런 회장님을 존경하고 있다.

회장님은 내가 만든 사업계획서를 보며 방향을 잘 잡았다고 하셨다. 대기업에서 이미 준비 중이라는 나의 자신감 없는 말에, 회장님은 "대기업이 못하는 디테일을 당신의 색깔로 입히면 해낼 수 있다"고 용기를 주셨다.

나는 다시 사업계획서를 전면 수정했다. 우리 회사만이 가진 강점인 '욕창 관리, 치매 학습지, 환자 관리 시스템'에 더욱 강렬한 색깔을 입히기로 했다.

물론 이런 시스템은 우리 회사만의 아이템은 아니다. 하지만 내가 방문간호사로서 어르신의 건강을 챙기고, 요양보호사로서 식사와 목욕을 챙기며 얻은 경험은 그 누구에게도 없는 나만의 색깔임이 분명했다.

보통 회사의 대표자가 세세한 실전 경험을 해보기는 어렵다. 하지만 나는 간호사로서, 방문간호 사업자로서의 실전 경험을 그대로 녹여 사용자에게 딱 맞는 시스템으로 개선할 수 있었다. 어르신과 보호자에게 누구보다 만족감을 줄 수 있다는 자신감은 이러한 나의 색깔에서 생겨났던 것이다.

나만의 색깔로 재도약하기

회장님이 평소에 자주 하시던 조언 중 하나는 '자신만의 또렷한 색깔을 가져라'라는 말이다. 무엇보다 당시의 내 상황에 꼭 맞는 조언이었다. 대기업에서 우리 회사와 비슷한 아이디어를 준비하고 있다는 사실에 실망하기보다는, 나만의 색깔로 새로운 가치를 창출하는 것이 중요했다.

처음 사업을 시작할 때 많은 돈을 투자한 것도 아니었고, 특별한 배경이 있던 것도 아니었다. 시골에서 올라와 단돈 천만 원으로 수십억대의 회사를 키웠다. 위기의 순간도 많았지만, 나는 나만의 색깔을 만들어가며 지금의 자리에 이르렀다.

그렇게 나는 이 프로젝트를 다시 진행했다. 어쩌면 지레 겁먹고 포기할 수 있었던 일이었지만, 결국 우리 회사만의 독특한 색깔로 새로운 사업을 추진할 수 있었다.

성인이 되어 가끔 고향에 내려갈 때마다, 정선에 진입하는 마지막 고개인 '비행기재'에 잠시 차를 세운다. 서울에 비해 공기가 정말 좋고, 바쁜 일상에 가려져 있던 내 마음을 맑게 해 주는 곳이다.

'어린 시절, 왜 이곳이 감옥같이 답답했을까?'를 생각해 보면 내가 원하는 다양한 경험을 하기에는 한계가 있던 환경 때문이지 않았을까 싶다. 당시에는 답답하게만 느껴졌지만, 지나고 보니 그 덕분에 나는 늘 새로운 도전을 멈추지 않았다.

그러면서도 어린 시절 순수한 색깔을 간직할 수 있었던 내 고향을 마음속에 깊이 품고 있었음에 늘 감사한다. 그리고 끊임없는 열망을 통해 나만의 색깔을 어느 곳에서든 내보일 힘을 키우게 되었음에도 또 한 번 감사한다.

"약점은 숨기는 것이 아니다."

사장으로서 약점이 많은 사람

　서른 초반 때의 나는 작은 키와 깡마른 몸 덕분에 제 나이보다 어려 보였다. 지금이야 '어려 보인다'는 말을 기분 좋게 받아들이지만, 방문간호센터를 운영할 당시에는 어린 나이 때문에 곤란한 일들이 많았다.

　장기요양기관은 대부분 어르신들을 돌보는 방문요양센터가 주를 이루며, 센터장의 평균 연령은 50대였다. 반면, 방문간호센터는 간호사 인력이 필요했지만, 그때나 지금이나 간호사가 창업하는 비율이 매우 낮았다. 나는 보기 드문 간호사 출신 센터장이었고, 그중에서도 특히 어린 센터장이었다.

　당시 우리 회사에는 사회복지사 2명과 요양보호사 20명 정도가 직원으로 근무하고 있었다. 그중 요양보호사 대부분은 50대 후반에서 60대 초반의 나이였다. 자연스럽게 나는 그들에게 딸과 같은 연령대였다.

평소에는 관계가 화기애애했지만, 업무적으로 부족한 부분을 지적할 때는 일이 복잡해졌다. 나이가 어린데 지시하듯 말해서 기분이 나쁘다고 하거나, 경력이 많은 본인들이 더 잘한다고 주장하며 업무 기강을 잡기가 쉽지 않았다. 어린 간호사 출신 센터장인 나를 요양보호사들은 잘 인정하지 않았다. 인생 경험을 내세우며 강하게 의견을 어필하니, 직장 내에 나이와 상관없는 직급 체계가 존재해야 함에도 매우 난감한 상황이 벌어지곤 했다.

나는 외모에 변화를 주기로 결심했다. 긴 생머리를 절반 잘라 뽀글거리는 파마를 했고, 작은 키를 보완하기 위해 높은 구두나 키 높이 운동화를 신었다. 그러나 높은 구두는 운전과 어르신 집 방문에 적합하지 않아 키 높이 운동화를 자주 신게 되었다. 하지만 신을 때마다 뒤꿈치가 짧아 양말이 벗겨져 불편함이 많았다.

그렇게 외모를 변화시키려 애썼지만, 그 모습은 나에게도 어색하게 느껴졌다. 마치 아이가 어울리지 않는 엄마의 구두와 가방을 든 것처럼 보였다. 내가 나를 보기에도 불편했으니, 다른 사람들 눈에도 그렇게 보였을 것이다. 결국 외모로 나이 들어 보이려는 마음을 내려놓게 되었다. 나이가 들어 보인다고 해서 상대가 나를 더 조심스레 대할 거라는 생각 자체가 진짜 어린 생각이었다는 걸 알게 되었기 때문이다.

중심을 지키며 얻은 신뢰

외모 때문에 어려웠던 것은 그때가 처음이 아니었다. 대학생 때는 고등학생으로 보인다며 아르바이트 채용이 안 되기도 하고, 간호사로 처음 병원에 입사했을 때는 오랜 경력의 간병인이 어려 보인다는 이유로 나를 무시하기도 했다.

예를 들어, 욕창이 있어 자세를 변경해야 한다고 말하면 본인의 경험을 내세우며 텃세를 부리고 요구에 응하지 않았다. 도움이 필요할 때마다 선배가 도와주었지만, 언제까지 선배 뒤에 숨어 있을 수는 없었다. 그때마다 나는 나이를 떠나 내 역할이 환자를 돌보는 것에 있다는 중심을 다잡았다.

그 이후로 목소리에 단호함과 자신감이 생겼고, 나의 행동이 자연스러워지자 그런 일은 서서히 사라졌다. 그러나 센터장으로서는 직장처럼 선배라는 방패막이가 없었다. 말하지 않아도 자연스럽게 힘이 실릴 수 있기까지는 시간이 필요했다. 그전까지는 내 중심과 행동이 무엇보다 중요했다.

나는 요양보호사들을 관리하면서 지나치게 단호하게 나가기보다는, 솔직한 마음으로 부탁하는 형식을 취했다. 또한 요양보호사들과 환자, 그 중간의 보호자 사이에서 생길 수 있는 문제를 적극적으로 나서서 해결했다. 센터장으로서 사과가 필요할 때는 자존심을 세우지 않고, 경험이 부족해 파악하지 못한 실수가 있었다면 그것을 인정하고 사과했다.

그렇게 요양보호사들과의 신뢰가 쌓이기 시작했다. 그 이후부터는 어린 나이가 오히려 장점으로 바뀌었다. 요양보호사들은 늘 미소를 지으며 모든 얘기 끝에 '젊어서 좋다'라는 말을 덧붙였다. 젊어서 물어보는 것도 잘 알려주고, 젊어서 서류 작업도 빠르다는 등 '젊어서'라는 말이 약점에서 강점으로 변하는 순간이었다. 나중에는 우리 센터가 일하기 좋은 곳이라며 다른 베테랑 동료들을 데리고 오기도 했고, 인력 구축에 많은 도움이 되었다.

약점은 강점이 될 수 있다

나는 분명 사장으로서 약점이 많은 사람이다. 사람들에게 호감을 주는 화술도 없고, 말하는 걸 좋아하지 않아 처음 보는 사람에게 거리감을 느끼게 할 때도 있다. 내가 일한 만큼 정당하게 요구하고 받아야 함에도 돈 얘기를 꺼내기가 아직도 어렵다. 그뿐 아니라 여러 가지 일을 체크해야 하는 대표임에도 불구하고, 한 가지 일에 몰입하면 다른 일을 놓쳐 곤란한 상황을 겪을 때도 있다.

하지만 나는 내 약점을 정확히 알고 있다. 그리고 그 부족함을 채울 방법을 알고 있기에 한 회사의 사장으로 무리 없이 운영해 나가고 있다. 누구에게나 첫 사업은 미숙하다. 완벽하지 않은 한 사람이 대표가 되어 회사를 이끌어 가는 것은 매우 어려운 일이다. 약점은 누구에게나 있다. 사장이라고 해서 약점이 없어야 한다고 생각하는 것은 오만이며 자만이다.

만약 약점을 숨기거나 반발심으로 대응한다면, 그 약점은 단점으로 굳어져 회사를 갉아먹을 수 있다. 그러나 그 약점을 솔직하게 드러내고 자연스러운 모습으로 직원들과 고객들을 대한다면, 그 약점은 강점이 될 수 있는 시기가 반드시 찾아온다. 아주 자연스럽게 대표 자신의 강점이 되어 다가오는 것이다.

내가 처음 사업을 시작할 때의 미숙함은 지금도 여전히 내 안에 남아 있다. 그러나 약점을 솔직하게 받아들이고, 그것을 더 나은 모습으로 발전시키려는 노력이 결국 나를 더 단단하게 만들었다. 약점은 숨기는 것이 아니다. 드러낼수록 함께 성장해 나가는 과정에서 빛나는 강점이 된다.

생각에 반응하는 행동대장

어린 시절, 골목대장이라고 불리던 아이들을 떠올려보면 대부분 지기 싫어하고 승부욕이 강한 친구들이었다. 운동회에서 달리기만 해도, 운동신경이 좋고 키가 큰 친구들이 우승할 확률이 높았다. 그러나 승부의 반전은 늘 존재했다.

키가 작고 체구가 왜소한 친구가 결의에 찬 표정으로 출발 신호를 기다리며, 1등이 예상되는 친구를 따라잡기 위해 이를 악물고 달린다. 때로는 그 과정에서 너무 급한 나머지 앞서가는 친구의 셔츠를 붙잡는 우스꽝스러운 일이 벌어지기도 한다. 그리고 그 친구는 결국 1등을 하거나, 적어도 2등에 들어온다. 물론, 넘어지거나 꼴찌로 들어오는 일도 있지만, 그 치열한 도전 자체가 돋보인다.

사실, 이 이야기의 일부는 내 경험이기도 하다. 나는 달리기에 아무리 온 힘을 다해도 3등에 들기조차 어려웠다. 그런데 내가 항상 1등을 차지했던 종목이 있었다. 바로 장애물 달리기였다. 풍선을 터뜨리고, 매트를 구르고, 훌라후프를 통과하는 등 여러 가지 장애물을 넘는 그 경기에서는 몸집이 작고 날렵했던 내가 유리했다. 빠르게 장애물을 넘는 내 속도는 누구도 따라잡을 수 없었다.

이 경험을 떠올리면, 단순한 힘과 크기만으로는 모든 경기를 이길 수 없다는 것을 알게 된다. 경력이 길고 능력이 뛰어난 사람이라도, 때로는 특정 상황에서 예상치 못한 어려움을 겪을 수 있다. 이는 나의 채용 기준과도 연결된다. 우리 회사에서 직원을 채용할 때 나는 항상 '대장을 해본 경험'을 중시한다.

아무리 10년 이상의 경력이 있더라도, 대장 역할을 해보지 않았다면 채용하지 않는다. 반대로, 1년이라도 원무과에서 총책임자로 일한 사람을 더 선호한다. 경력의 길이만으로는 문제 해결 능력과 책임감을 평가할 수 없기 때문이다. 업무 능력은 시간이 지나면 익힐 수 있지만, 문제를 스스로 해결하고 책임지는 능력은 그 사람만의 경험에서 나오는 것이다.

두려움을 넘어서야 대장이 된다

얼마 전, 병원에서 5년간 심사과 사원으로 일한 사람이 다른 병원으로 이직하려 한다는 이야기를 들었다. 대부분 그를 팀장으로 채용하려 했지만, 본인은 보조 업무만 해봐서 팀장을 맡는 것이 두렵다고 했다.

특히 보험 청구 업무에서 마지막 단계인 송신 작업을 해본 적이 없다고 했다. 송신 작업이란, 이메일을 보내는 것처럼 데이터를 압축해 전송하는 과정인데, 그 단순한 작업이 그에게는 큰 두려움으로 다가왔던 것이다.

사람은 해보지 않은 일에 대해 막연한 두려움을 크게 느낀다. 사실 해보면 별것 아닌 일도, 머릿속에서 복잡하게 생각하다 보면 더 어렵게 느껴진다. 거기에 더해, 사람들은 실패담을 더 많이 기억하고 퍼뜨린다. "이런 일이 있었다, 저런 문제가 있었다"는 말들은 쉽게 퍼져 나가지만, 정작 문제가 없었던 일들은 기억에서 금세 잊힌다. 그렇기에 처음 해보는 일일수록 두려움을 느끼지만, 그 두려움을 넘어서면 보통은 별일 아닌 경우가 많다.

나 역시 그런 두려움을 잘 알고 있다. 나는 물을 무서워한다. 어릴 적, 강가에서 놀다가 발이 닿지 않는 깊은 물에서 느꼈던 그 공포심이 여전히 나를 지배하고 있다. 바다에 가도 발만 담그고, 수영장에서는 아이들이 노는 모습을 멀리서 바라보는 게 전부였다.

그러나 언젠가부터 두려움을 이겨내는 것이 중요하다는 생각이 들었다. 한 연예인이 자신이 가장 싫어하던 일을 해보며 인생의 큰 전환점을 맞이했다는 이야기를 듣고 나서였다. 나도 그 이야기에 영감을 받아, 내가 가장 두려워하는 물에 도전해보기로 했다.

그래서 수영을 배우기로 했다. 그동안 주변에서 더 나이가 들기 전에 수영을 배우길 추천받기도 했고, 100세 넘도록 활동한 김형식 교수님도 "수영만큼 좋은 운동은 없다"고 말씀하셨던게 떠올라 눈 딱 감고 센터에 등록했다.

처음에는 수영복을 입는 것조차 부끄러웠지만, 용기를 내어 수영장에 갔다. 몸에 딱 붙는 수영복도 어색했고, 물속에 들어가는 것 자체가 두려웠지만, 발차기를 배우며 시간은 순식간에 지나갔다. 둘째 날에는 이미 조금 더 익숙해진 내 모습을 발견했다. 그렇게 나는 내게 가장 큰 두려움이었던 물에 도전했고, 결국 그 두려움을 이겨냈다.

행동으로 나아가는 리더십

이 경험을 통해 배운 것은 간단하다. 두려움은 행동으로 이겨내야 한다. 대장이 된다는 것은 남들이 피하는 일을 먼저 하고, 책임을 지는 역할을 떠맡는 것이다. 승진을 포기하는 '임포자'라는 신조어가 생긴 것처럼, 많은 사람들이 승진을 피하고 있지만, 간호사 시절 나는 언제나 승진을 원했다. 나이가 들면 당연히 직책이 올라가는 것이 아니라, 책임을 다할 준비가 되어 있어야 승진할 수 있다고 생각했다.

결국, 중요한 것은 어떤 상황에서도 대장이 되는 경험을 해보는 것이다. 남들이 주저할 때 먼저 나서고, 상황을 해결하는 힘을 기르는 것. 내가 사장이 되어서도 그 경험이 큰 자산이 되었다. 실제로 나는 직장에서 '대장'이 되어본 경험 덕분에 내 사업을 성공적으로 이끌 수 있었다.

대장이 된다는 것은 단순히 직급이 높은 자리에 있는 것만이 아니다. 스스로 문제를 해결하고, 주변 사람들을 이끌어가는 것이다. 특히 시스템이 잘 돌아갈 때는 내가 성장할 기회가 없다. 시스템이 삐걱거릴 때, 그 자리에 내가 들어가야 기회가 생긴다. 대부분 이런 상황에서는 눈을 피하거나 물러서기 마련이지만, 그런 행동은 성장을 방해할 뿐이다.

엄마 경영

직장생활을 할 때 항상 프로답게 일하려고 노력했다. 프로답다는 것은 무엇일까. 프로와 아마추어의 차이를 논하자면, 프로는 항상 '다음'을 생각한다. 다음을 생각하다 보면 주변 동료들이 미처 생각하지 못한 다양한 일에 대한 고민이 커지고, 일을 확장하려는 움직임도 늘어난다. 현안 업무에 치여 있는 동료들에게 나는 '괜히 쓸데없는 일을 벌이는 사람'으로 여겨질 때가 많았다. 하지만 결국 승진하고 높은 연봉을 받는 사람은 바로 그런 사람이다. 왜냐하면 그런 사람이야말로 회사를 발전시키는 사람이기 때문이다.

나는 단순히 월급만 바라보는 월급쟁이가 아니었다. 윗사람의 인정과 승진을 바라는 욕심 많은 사람이었다. 그래서 맡은 일보다 더 많은 일을 하고, 결과에 대한 책임을 지며 최선을 다했다. 그러나 간호사로 일할 때는 호봉 체계를 벗어날 수 없었고, 입사 순서대로 보이지 않는 직급 체계가 있어서 고속 승진은 사실상 불가능했다. 당시 병동에서 간호사로 일할 때는 연봉을 3천만 원 넘게 받았었지만, 보험심사간호사로 이직했을 때는 첫 월급이 최저시급 적용을 받아 1천 8백만 원 정도였다.

그러나 보험심사간호사의 업무는 연봉이 오를 수 있는 여지가 있었다. 처음에는 이전의 절반 정도밖에 안 되는 연봉을 받고 시작했지만, 누구보다 열심히 일한 덕분에 점점 연봉이 높아졌다. 사업을 시작하기 전 마지막 연봉은 4천만 원 중반대였으니, 처음과는 달리 병동 간호사 때보다 훨씬 더 좋은 대우를 받은 셈이 되었다.

하지만 그조차도 일한 만큼의 대가로는 여전히 만족할 수 없었다. 간혹 병원에서 갑작스러운 퇴사자가 생기면 두 사람의 몫을 해가며 일했지만, 그에 대해 합당한 보상을 해주는 곳은 없었다. 문제가 되는 일만 잘 성사되면 보너스나 자동차를 사주겠다는 약속을 한 곳들도 있었으나 그 약속을 지킨 대표는 아무도 없었다.

성과 중심의 경영과 약속

회사를 운영하기 시작하면서 철저히 성과 급여 체계를 도입하기로 결심했다. 직원이 몇 명 되지 않을 때도 차등을 주려 노력했고, 성과 평가와 직원 면담을 분기별로 실시했다. 처음엔 중간 관리자들이 업무 과다로 불평했지만, 결과적으로 성과금 지급과 승진의 기회가 있는 상황이 지속되자 그 불만은 사그라들었다. 최고의 성과를 끌어낸 직원에게는 외제 차를 지급했고, 몇천에서 몇백만 원의 성과급도 차등 지급했다.

지금은 급여에 대한 약속을 단 하루도 밀리지 않고 철저히 지키지만, 사업 초기에 운영이 어려워 급여 지급을 3개월 정도 밀린 적이 있었다. 그때 같이 있던 직원은 '본인의 노후를 나에게 맡기는 것'이라며 나를 더욱 믿어주며 함께 열심히 일해줬다. 외제 차를 받은 직원이 바로 그때 그 사람이다. 나는 그의 말 한마디 덕분에 좌절하지 않고 더욱 열심히 일했으니, 그는 외제 차가 아닌 그 이상을 받을 충분한 자격이 있었다.

　한 번은 입사한 지 얼마 되지 않은 직원이 상여금이 급여보다 많이 들어왔다면서, 혹시 잘못 들어온 거 아니냐고 물어본 적도 있었다. 그 직원은 충분히 받을 만한 성과를 올린 사람이었다. 물론 성과급을 많이 받지 못하는 직원도 있다. 성과급이 줄어도 괜찮으니 원하는 시간만큼만 일하기를 바라는 경우, 직원의 자율에 맡긴다.

　급여는 직원의 노고에 대한 대가이자 나의 인정 수치다. 사업이 어려워 급여를 밀렸던 그때처럼 부끄러웠던 적은 없었다. 영업하면서 무시당하는 기분 나쁜 말들을 들었을 때보다 더 부끄러웠다. 3개월 급여를 밀렸던 그 때 이후 나는 급여를 절대 밀리지 않겠다고 다짐했다. 직원의 노동에 고마움을 느끼며, 당연히 그들이 받아야 할 급여를 우선 사수하는 것을 철칙으로 삼았다.

엄마 경영의 원칙

회사를 자리 잡기까지 쉬운 일은 아니었다. 직원 수가 적었을 때는 내가 잘하는 만큼 회사가 돌아갔다. 하지만 10명이 넘어가고부터는 새로운 시스템이 필요했다. 사업을 처음 해본 나에게 모든 것은 처음 겪는 경험이었다. 한참 직원 관리 때문에 고민이 있었던 그 때, 나는 평소 알고 지내던 벤처기업 1세대, 비트컴퓨터 조현정 회장님을 찾아갔다.

회장님은 조직이 온전히 갖추어지기 전까지는 '엄마 경영'을 해야 한다고 조언하셨다. 단순히 직원들의 고민이나 불만을 챙기는 것을 넘어서서, 조직 관리 자체에 대표가 깊이 개입하여 그 시스템을 만들어야 한다는 뜻이었다.

결론적으로 직원 한 사람 한 사람뿐만 아니라, 직원들이 연결되어 있는 조직 전체를 좀 더 세심하게 챙겨주라는 것이었다.

조직이 커지면 그때는 하고 싶어도 할 수 없는 경영 방법이었다. 그래서 나는 조언대로 직원의 안부를 더 챙기는 것은 물론, 각 직원의 업무 진행 과정을 보다 관심 있게 바라보며, 그들이 업무에 좀 더 애정을 가질 수 있도록 노력했다. 그에 따라 퇴사하는 직원은 점점 적어졌고, 3년, 5년, 9년 차 회사의 중추적 허리 역할을 하는 직원이 생겨나기 시작했다.

솔직히 말하면, 내가 사업을 이렇게 오래 할 거라고 생각하지 못했다. 혼자였다면 버티기 힘들었을 것이다. 하지만 멀리 가려면 함께 가라는 말처럼 내가 이끌기도 하고 이끌려 가기도 하면서 업계 16년 차의 사업가가 되었다.

직장생활을 하다 관두고 싶은 마음이 있는 것처럼 사장도 힘들 때가 있다. 사업은 사장의 결심에 따라 하루아침에 폐업할 수도 있다. 때론 어깨가 무겁다고 여길 때도 있지만, 그때마다 직원들이 새로운 아이디어를 내며 반짝이는 눈빛을 보일 때 나는 다시 재부팅(rebooting) 된다.

결국 좋은 사장 밑엔 좋은 직원이 따라온다. 좋은 직원 위에 좋은 사장이 되어간다. 내가 직원을 신뢰하고 그들의 성과를 인정해 주는 만큼, 그들도 나를 믿고 따랐다. 이런 상호 신뢰와 존중이 회사를 성장시키는 원동력이 되었다.

우리 회사가 지속해서 발전할 수 있었던 이유는 사장인 나와 직원들이 함께 성장해 나갔기 때문이다. 나는 여전히 '엄마

경영'의 원칙을 지키며, 끝이 언제일지 모를 길을 오늘도 걸어

간다.

엄마가 사업을 한다는 것

내 앞에 놓인 돌덩이가 하나 있다고 생각해보자. 그 돌덩이는 걸려 넘어지면 걸림돌이 되지만, 냇가를 건널 때는 디딤돌이 될 수도 있다. 그렇다면 내가 여성이며 엄마라는 사실은 둘 중 어느 쪽이었을까? 이제는 성인이 된 아이들과 사업의 결과를 보았을 때, 분명 그것은 디딤돌이었다고 말할 수 있다.

하지만 사업을 처음 시작했을 때만 해도 이 조건들이 걸림돌처럼 느껴졌다. 모든 것이 처음이고 낯설다 보니, 사업에 집중할 시간이 필요했지만, 아이들의 하원 시간에 맞춰 일을 마쳐야 했다. 항상 시간에 쫓기며 일을 했다.

사업을 결정하기 전에도, 혼자였다면 좀 더 자유로웠겠지만, 가족이 있었기에 더욱 신중할 수밖에 없었고 실패에 대한 두려움도 컸다. 그러나 돌덩이도 어떻게 사용하느냐에 따라 가치를 다르게 지니듯, 나에게 우리 아이들은 분명 디딤돌이었다.

아이들에게 더 나은 환경을 제공하고 싶은 마음이 나에게 용기를 주었고, 하원 시간이 있어 강제적으로라도 일을 마무리할 수 있었다. 만약 그 시간이 없었다면 가정에 소홀해질 수 있었을지도 모른다. 아이들이 있었기에 가정과 사업의 균형을 지킬 수 있었고, 그들은 나의 나침반처럼 내가 왜 사업을 시작했는지, 그 목적을 잊지 않게 해주었다.

일하는 엄마라면 누구나 아이에게 미안함을 느끼기 마련이다. 엄마가 일을 하면 아이 역시 어떤 일을 해야 하는 것처럼 느껴진다. 내가 출근하면 아이는 아프더라도 유치원에 가야 했고, 감기라도 걸리면 내가 너무 바빠서 아이를 돌보지 못한 것 같아 마음이 아팠다. 주변 친구들은 직장 다니는 나에게, "아이를 보는 건 양보다 질이 중요하니 퇴근 후 아이에게 더욱 집중하면 된다"고 위로해주었다.

하지만 지나고 나서야 깨달은 것은, 엄마가 집에 있든 직장을 다니든, 아이는 성장하면서 아플 수도 있고 친구들과 다툴 수도 있다는 것이다. 내가 아이와 함께 집에 있다고 해서 아이가 겪어야 할 성장의 과정을 대신할 수 있는 건 아니었다.

아이들은 어느 순간 일하는 엄마에 대해 고민하기 마련이다.

우리 아이도 예외는 아니었다. 초등학교 2학년 때, 갑자기 아이가 울먹이며 말했다.

"학교가 끝나면 다른 엄마들은 교문 앞에 '다' 기다리는데, 우리 엄마만 오지 않아."

아이들이 말하는 '다'라는 범위는 늘 어렵다. 이때부터 '일을 계속해야 할까, 그만둬야 할까' 고민이 시작되었다. 아이의 눈물을 보며 나는 갈등하기 시작했다. 일하는 엄마들에게는 이 순간이 최대 위기다.

며칠 후 비가 온다는 예보가 있었고, 나는 서둘러 집으로 향했다. 아침에 아이에게 우산을 챙겨주었지만, 교문 앞에서 깜짝 이벤트처럼 마중 나가고 싶었다. 그런데 학교 앞에는 내가 예상한 것보다 더 많은 엄마들이 서 있었다. 그동안 엄마들 사이에 나만 없었던 것이 아이를 속상하게 했겠구나, 미안한 마음이 들었다.

그런데 멀리서 보이는 아이는 우산을 펴지도 않고 친구와 비를 맞으며 해맑게 장난을 치고 있었다. 우산은 그저 장식품일 뿐이었다. 그 모습을 보고 나는 웃음이 나왔다. 아이가 진짜 싫었던 것은 집에 들어갔을 때 아무도 없는 집이었다.

고민 끝에, 내가 가장 싫어하지만 아이가 가장 원하던 도마뱀을 키우는 것으로 1차 갈등은 일단락되었다. 물론 그 이후에도 아이가 나를 고민하게 만든 적이 있었지만, 우리는 서로 잘 이겨냈다. 아이가 고학년이 되자, 일하는 엄마를 자랑스러워하기 시작했다. 유튜브에 나오는 나를 친구들에게 자랑하거나, 학교 행사에 가면 내가 제일 예쁘다며 자신감 넘치던 아이의 모습이 생생하다. (물론 중학교에 올라가면 그런 대접은 사라지지만.)

밖에서는 사업가이지만, 집에서는 엄마이자 아내인 나. 이 두 역할을 혼동하는 순간, 갈등이 크게 다가온다. 내가 사업을 한다고 해서 남편에게 무한한 지지를 원하거나, 아이들과 보내는 시간을 놓친다면, 나는 진정으로 사업을 하겠다는 결심을 잊는 것이다.

사업을 한다고 해서 모든 것이 '괜찮겠지'라는 생각은 위험하다. 오히려 사업을 하기 때문에 지켜야 할 것들을 더 명확히 해야 한다. 그렇지 않으면 심각하게는 가정이 깨질 수도 있다.

사업이 먼저냐, 가정이 먼저냐는 엄마가 좋으냐, 아빠가 좋으냐처럼 간단히 저울질할 수 있는 문제가 아니다. 두 가지 모두 내 인생에서 중요한 부분이다. 아이들이 소풍을 갈 때, 나는 지방 강의를 끝내고 돌아와 새벽에 김밥을 싸고, 동이 트기도 전에 다시 강의를 하러 지방으로 내려간 적이 있었다.

얼핏 들으면 어리석게 들릴지도 모르지만, 그렇게 하지 않으면 내 마음이 불편했다. 비록 얼굴은 보여주지 못했지만, 아이에게 엄마의 김밥으로 마음을 전했다. 남편 역시 이런 나의 마음을 이해해주었고, 주말 강의가 있는 날이면 아이들과 함께 체험 활동을 하며 나의 빈자리를 메워주었다. 나 역시 그 고마운 마음에 시간을 내어 음식을 하고 시댁 어른들을 챙기려 노력했다. 힘든 시기였지만, 내가 힘든 것만 생각했다면 지금의 우리는 없었을 것이다.

내가 일하는 엄마로서, 사업을 하며 느낀 가장 큰 깨달음은 이렇다. '완벽한 엄마'와 '완벽한 사업가'가 되려는 욕심은 스스로를 지치게 할 뿐이다. 중요한 것은 균형이다. 사업을 할 때에는 사업에 집중하고, 가정에 있을 때는 가정에 집중하며, 이 두 가지를 함께 지켜가는 것이 엄마로서, 그리고 사업가로서의 나의 진정한 성공이다. 내가 이루어낸 성취들은 결코 나 혼자만의 결과물이 아니다. 가정과 사업이 함께 성장한 결과다.

돌아보면, 엄마로서의 역할은 결코 내 사업의 걸림돌이 아니었다. 오히려 아이들과 가정이 내가 이 길을 걸어가는 가장 큰 디딤돌이 되어주었다. 지면을 빌려, 나의 든든한 힘이 되어준 사랑하는 가족들에게 진심 어린 감사와 사랑을 전하고 싶다.

부자가 된 간호사
1천만 원으로 시작한 사업 방정식

초판 1쇄 인쇄 │ 2024년 11월 11일
초판 1쇄 발행 │ 2024년 11월 29일

지은이 김경애
발행인 이승용
펴낸곳 echo.B

일러스트 박성현
북디자인 박성현, 맨디디자인

출판신고 2024년 09월 10일(제 000123호)
값 17,000원 │ **ISBN** 979-11-989372-9-2(03190)

이메일 changegg9@gmail.com

echo.B